전산실 실무자와 관리자로 사는 법
전산 시스템 운영 전문가가 되기까지

고재일 지음

전산실 실무자와 관리자로 사는 법 • 전산 시스템 운영 전문가가 되기까지

저　자　|　고재일
펴낸이　|　최용호

펴낸곳　|　(주)러닝스페이스(비팬북스)
디자인　|　최인섭
주　소　|　서울시 구로구 디지털로 32가길 16, 1206(240)
전　화　|　02-857-4877
팩　스　|　02-6442-4871

초판1쇄　|　2018년 4월 25일
등록번호　|　제 25100-2017-000082호
등록일자　|　2008년 11월 14일
홈페이지　|　www.bpanbooks.com
전자우편　|　book@bpanbooks.com

이 도서의 저작권은 저자에게 있으며 저자 및 출판사의 허락 없이 일부 혹은 전체 내용을 무단복제하는 행위는 저작권법에 저촉됩니다.

 값 16,000원
ISBN 978-89-94797-85-4 (93000)

비팬북스는 (주)러닝스페이스의 출판부문 사업부입니다.

이 도서의 국립중앙도서관 출판시도서목록 CIP는 e-CIP 홈페이지
(http://www.nl.go.kr)에서 이용하실 수 있습니다. CIP 제어번호 : CIP2018011799

전산실 실무자와 관리자로 사는 법
전산 시스템 운영 전문가가 되기까지

고재일 지음

비팬북스

차례

프롤로그 · 6
독자에게 · 10

첫 번째 이야기 · 전산실 실무자로 일한다는 것은 · 15

나의 경쟁력 – 업무 일지 · 17
사소한 시스템 오류가 사소한 결과를 말하지는 않는다 · 23
전산에 문제 있어요? · 28
전산 시스템 운영은 서비스이다 · 34
무엇을 말하냐보다 어떻게 말하냐가 더 중요하다 · 38
직업관 · 45
일보다 근태가 먼저다 · 51
전산실 엔지니어 · 55
1인 기업가 – SM(System Maintenance) · 61
자기 계발은 자기 관리로부터 시작된다 · 65
이직은 자기 발전의 기회로 · 75

두 번째 이야기 · 전산실 관리자로 일한다는 것은 · 85

실패하는 전산실 관리자의 유형 · 87
전산실 관리자에게 필요한 능력 · 94

순서를 아는 것은 길을 아는 것이다 · 102
문제 해결사 · 107
업무 분장 전략 · 112
결과보다는 과정을 · 117
실무형 관리자 · 122
시스템 디자이너 · 127
인더스트리 스페셜리스트 · 133
'회색 코뿔소(Gray Rhino)'에 집중하는 전산실 관리자 · 138
전산실 프로젝트 · 146

세 번째 이야기 · 전산실에서 일하고 있다면 · 157
시스템 운영 전문가가 되자 · 159
전산실의 역할과 비즈니스 · 167
우리는 시스템을 통해서 고객을 만난다 · 171
5G 피드백 · 175
시스템 장애는 조직 차원에서 해결하자 · 180
함께 일하라 · 186
현장 경험을 반드시 가지자 · 190
기술력을 바탕으로 한 업무 능력을 키우자 · 195
꼭 필요한 마음가짐 · 199
신입 사원이 일에 대해 가져야 할 태도 · 204
전산실 미생들의 미래와 진로 · 210

에필로그 · 222

프롤로그

시스템 운영 전문가를 꿈꾸며

IT 그리고 전산실

내가 처음 전산실에서 직장 생활을 하던 때는 2004년 7월이었다. 퇴근에 눈치를 보는 것이나, 촉박한 개발 일정을 맞추기 위한 야근이 당연한 분위기였다. 그때는 IT를 하면 다 그렇게 해야 하는 줄 알았다. 시스템 장애가 발생하면 빗발치는 영업점과 현업의 불만 전화에 전산실 분위기는 어두웠다. 또 현업이 기획한 시스템 개발 요청 사항을 제대로 검토하지 못하는 경우가 많다 보니 일정 산출을 제대로 하지 못하고, 부족한 인력으로 무리한 일정을 맞추다 보니 항상 바빴다. 거기에다 현업의 요청 사항은 수시로 바뀌고 요청한 내용대로 시스템 개발이 되지 않는 경우도 많았다.

전산실뿐만 아니라 IT 대부분 업종에서 그렇게 시간이 지날수록 IT는 4D 업종으로 여겨지고 IT에 몸담았던 수많은 개발자들은 IT에는 희망이 없다고 생각하며 하나 둘씩 IT를 떠나기 시작했다.

IT 업종은 2000년대 초 IT 붐 거품이 꺼진 이후 많은 시간을 힘들게 지내 왔던 거 같다. 야근과 주말 근무 등 많은 근무 시간과 대부분 을의 입장에서 일을 하다 보니 알게 모르게 서러움도 많이 느꼈다. 이러다 보니 IT 업종에서 일하는 것에 대한 자부심을 가지기 보다는 왠지 모르게 부끄러움을 느끼고 스스로를 깎아 내리는 경우가 많았다.

핀테크 그리고 제 4차 산업혁명

하지만 이제는 IT 기술의 발전과 IT에 대한 인식이 많이 변화하였다. 핀테크(FinTech)와 제 4차 산업 혁명과 함께 다시 한번 IT 붐이 찾아왔다. 핀테크는 삼성페이로 대표되는 지급 결제부터 시작하여 케이뱅크와 카카오뱅크의 인터넷 전문 은행 열풍까지 몰고 왔다. 이제 더 이상 IT는 3D 업종으로 홀대를 받거나 희망이 없는 직종이 아니다. 이제는 초등학교에서도 코딩 교육을 필수로 하겠다고 한다. IT에는 이미 큰 변화의 바람이 일어났고 이제 이 변화를 통해 발전해야 하고 성숙해져야 한다.

전산실도 이제 이런 흐름에 따라 변해야 한다. 기업이나 공공기관 등의 전산실에서 근무하고 있다면 이제는 우리 스스로 이전과는 다른 모습을 보여줘야 한다. 그 변화는 전산실에 근무하는 모든 실무자와 관리자가 함께 해야 한다. 실무자만 혹은 관리자만 바뀌어서는 변화를 이끌어 낼 수 없다.

앞으로 IT에서 필요한 인력에 대한 수요가 많을 것으로 나는 예상한다. 전산실에서 필요로 하는 수요도 마찬가지이다. 수요가 많아진다면 우리들의 역할도 많아지고 할 일도 많아질 것이다. 이제는 전산 시스템이 없는 기업은 존재하지 않으며 전산 시스템이 어떻게 구축되어 있고 어떻게 운영되느냐에 따라 기업의 비즈니스 성공 여부가 판가름 날 수도 있다.

이제는 전산실에서

지금은 기회의 시간이다. 우리는 반드시 변화해야 하고 달라져야 한다. 이전과는 다른 방식과 생각으로 전산 시스템을 운영해야 한다. 남다른 경쟁력을 갖춘 IT 인력이 되어야 하고 전산실 직원이 되어야 한다.

이 책은 전산실의 실무자로 그리고 관리자로 근무하는 동안 겪은 경험을 바탕으로 느끼고 깨달은 내용들이다. 전산실 실무자라면 어떻게 일하면 좋은지 관리자가 된 다음에는 어떻게 일해야 하는지에 대한 이야기들이다. 그리고 전산실에서 다양한 직책과 직급을 가진 모든 전산실 직원들에게 이야기하고 싶다. 전산실에서 근무하고 있다면 자신이 담당하는 시스템에서 최고의 전문가가 되어야 한다.

또한 이 책에서 다루는 내용은 앞으로 전산실에서 일하게 된다면 한번쯤 참고해 봐도 좋을 내용이라고 생각한다. IT 업종 중에서 전산실에서 일하고 싶다면 또 전산실로 이직을 하게 된다면 반드시 도움이 될 만한 이야기들이다. 이 책을 통해서 나의 미래와 진로에 대해서 한번 생각해 볼 수 있는 계기가 되길 바란다.

전산실에서 근무하는 우리는 시스템 운영 전문가가 되어야 한다. 자신의 위치에서 최고의 전문가가 되는 길이 앞으로 우리들이 나아가야 할 방향이다. 우리는 이제 고객보다 더 많은 업무를 아는 전산실 담당자가 되어야 하고 고객이 원하는 것 이상을 해 줄 수 있는 서비스 정신을 가져야 한다. 또 현업과 함께 비즈니스를 고민하고 풀어갈 수 있어야 한다. 이제 우리 스스로 우리의 역할을 넓혀야 하며 존재감을 보여줘야 할 때이다.

이 책의 결론은 이렇다.

전산실에서 일하고 있다면 시스템 운영 전문가가 되자.

2018년 3월 마지막 날

고재일

독자에게

전산실 관리자로 일하고 있다면

전산실에서 일하고 있는 관리자라면 1969년에 컬럼비아대학교 교수 로렌스 피터(Laurence J. Peter, 1919~1990)가 발표한 경영 이론 '피터의 법칙(Peter Principle)'의 핵심 내용에 대해서 한번 생각해 보자.

"조직에 속한 사람들은 자신의 무능함이 드러날 때까지 승진하는 경향이 있다."

조직에서 일을 잘하면 승진하는 것이 당연하지만 승진할수록 무능함이 드러나는 경우가 많다. 이유는 이전과는 다른 일과 많은 일을 해야 하는데 이전 경험과 지식으로만 일을 하려고 하고 과거에 일했던 방식으로만 일하려고 하고 배우려 하지 않기 때문이다. 또 자신의 생각에만 사로잡혀 실무자가 말하는 어떤 것에서도 자신의 생각이 틀림을 인정하지 않는다. 설사 틀림을 알더라도 자존심 때문에 인정하고 번복하는 일이 거의 없다.

피터의 법칙은 자신의 역량이 되지 않는다면 감당할 수 없는 자리에 오르지 말아야 하고 감당할 수 없는 자리에 올랐다면 빠른 시일 내에 무능함을 극복할 수 있는 역량을 키워야 한다는 뜻이다. 과거는 과거일 뿐이며 바뀐 자리에서의 역할을 명확히 알고 새로운 일을 할 수 있어야 한다. 관리자는 실무자와는 다른 일을 해야 하는 것은 당연한 것이다. 실무자 때 잘했다고 관리자가 되어서도 잘 할 수 있다고 생각한다면 오산이다. 실무를 잘해서 승진을 했든 실무를 못했더라도 승진을 해서 관리자가 되었든 관리자로서 배워야 할 것이 있다.

여자 프로농구 아산 우리은행 위비 위성우 감독은 현역 시절 주로 수비 전문 식스맨(six man)으로 출전했다. FA로 풀렸지만 후보 선수라 어느 팀도 재계약을 하지 않았다. 어쩔 수 없이 은퇴를 하고 우연히 생긴 여자 프로농구 팀의 코치진에 공백을 채우기 위해 지도자로 전향했다. 하지만 코치가 된 후 훌륭한 감독들 밑에서 지도자 수업을 받고 지금은 우승을 밥 먹듯이 하는 명실상부한 대한민국 최고의 여자 프로농구 감독이 되었다.

여자 프로농구 아산 우리은행 위비 위성우 감독은 현역 시절 주로 수비 전문 식스맨(six man)으로 출전했다. FA로 풀렸지만 어느 팀과도 재계약을 하지 못해 어쩔 수 없이 은퇴를 하고 우연히 생긴 여자 프로농구 팀의 코치진의 공백을 채우기 위해 지도자로 전향한다. 하지만 지도자로써는 명실상부한 대한민국 최고의 여자 프로농구 농구 감독이 되었다.

선수 시절 주전도 아니었고 별다른 활약이 있었던 선수도 아니었던 위성우 감독은 감독이 되자 마자 수년 간 꼴찌였던 팀을 우승 팀으로 만들었고 그 이후, 6년 동안 어떻게 정규 리그와 챔피언 우승을 놓치지 않는 팀으로 만들었을까?

위성우 감독은 코치(중간 관리자)때부터 많은 것을 배우려고 했고 깨달았을 것이다. 선수(실무자) 시절에는 몰랐던 것들을 코치가 되어서 느꼈던 것이고 반성도 해 가며 선수들에게 지도했을 것이다. 그리고 그 경험과 지도

력을 바탕으로 훌륭한 감독(최종 관리자)이 되었을 것이다. 한마디로, 준비된 감독(최종 관리자)이었던 것이다.

만약 전산실에서 실무를 잘하지 못했더라도 관리자로서 알아야 할 것들을 잘 배운다면 분명히 다른 사람이 될 것이다. 관리자가 된 후 배움을 멈추거나 직책의 힘에 의존하여 업무를 하려 한다면 언젠가는 무능함이 드러날 것이다.

전산실에서 관리자가 되었다면 관리에 필요한 것들을 배워야 한다. 많은 업무를 하고 책을 보며 끊임없이 배워야 한다. 필요하다면 실무자에게도 물어보고 부탁도 하며 배워야 한다. 실무자에게 배운다는 것은 보고를 받는 것이 아니다. 특히 중간 관리자라면 보고만 받으려 하지 말고 누구에게나 배울 수 있다는 자세를 가져야 한다. 자기 것으로 만들고 조직을 이끌고 관리할 수 있어야 한다. 최종 관리자가 중간 관리자에게 원하는 것은 일이 진행되는 것이고 실무자를 잘 이끄는 것이다.

더 나은 관리자가 되기 위해 항상 노력해야 한다. 어떻게 관리해야 한다는 정답은 없다. 정답은 현장에 맞는 관리 방법이지 최신 관리 방법이나 법칙이 아니다. 또 누구의 말이 정답이라고 할 수도 없다. 따라서 현장에 맞고 현실성 있는 관리를 할 수 있도록 스스로가 매일 배우고 깨달아야 한다.

이 책을 통해서 전산실에서 관리자로 일하는 분들이 참고할 사항을 참고하여 자신의 관리 능력에 도움이 되면 좋겠다. 또한 나의 생각을 바탕으로 각자의 전산실 현장에서 더 좋은 생각을 할 수 있는 계기가 되길 바란다.

전산실 실무자로 일하고 있다면

전산실에서 실무자가 해야 할 일은 명확하다. 자신에게 주어진 전산 시스템을 개발하고 운영하는 것이다. 그 밖에 다른 일들도 있겠지만 주 업무는 시스템 개발과 운영이다. 내가 전산실에서 근무하는 이유는 바로 시스템 개발과 운영을 하기 위해서 회사에서 채용을 한 것이다.

농구선수가 농구 공을 잘 다루어야 농구를 잘 할 수 있는 것과 축구선수가 축구공을 잘 다루어야 축구를 잘 할 수 있는 것처럼 전산실에서 실무자는 전산실에서 필요로 하는 시스템 개발과 운영에 대해 잘 알아야 한다.

전산실에서 필요로 하는 것이 무엇인지 생각해 보면 먼저 전산실에서 시스템을 개발하고 운영하는 데 필요한 IT 기술력일 것이다. 기본적으로 사용하는 프로그램 언어와 데이터베이스를 알아야 하고 그 밖에 여러 가지 개발 툴 등 시스템 운영에 필요한 기술들을 잘 다루어야 한다.

전산실 실무자라면 너무나도 당연하고 기본적인 준비 사항이다. 이런 기본적인 것들을 하지 못한다면 전산실에서 아니 전산실이 아니더라도 IT를 하는 어느 곳에서도 쉽지 않은 직장 생활이 될 것이다.

이런 기본적인 IT 기술력과 더불어 이제 전산실에서는 시스템 운영을 어떻게 하면 더 잘 할 수 있는지를 고민해 보아야 한다. 이제는 IT 기술력만으로는 부족하다. 기술과 더불어 현업들과 함께 비즈니스를 할 수 있는 능력이 필요하고 전산 시스템을 통하여 서비스를 제공할 수 있어야 한다.

차별화된 전산 시스템을 만들 수 있어야 하고 운영할 수 있어야 한다. 실무자 시절부터 이런 생각을 가지고 전산 시스템을 운영한다면 언젠가는 반드시 시스템 운영 전문가가 될 것이라 확신한다.

실무자 시절부터 올바른 생각과 태도로 시스템을 운영할 수 있어야 한다. 차별화된 경쟁력을 갖추기 위해 노력하고 적극적인 마음가짐으로 전산실에서 근무하여야 한다. 나 자신을 하나의 기업으로 생각하고 꾸준히 발전하기 위해 노력해야 한다. 안주하지 않고 자기 계발에도 소홀하지 말며 항상 준비된 자세를 가져야 한다.

전산실 실무자는 입으로 일하는 사람이 아니다. 실무자는 손으로 일하는 사람이다. 자신이 가지고 있는 능력과 실력을 입이 아닌 손으로 보여줘야 한다. 프로그램 오류 하나에도 수많은 시간을 고민하며 해결해야 하고 최대한 많은 프로그램 개발을 해 보아야 한다. 다양한 개발 프로그램 언어를 사용해 볼 수 있어야 경쟁력이 높아진다. 또한 많은 시스템을 운영하면서 노하우도 쌓아가며 자신만의 시스템 운영 전문 기술을 만들어가야 하는 시기이다.

최대한 많은 것을 해 보고 많은 것을 느껴보아야 한다. 프로그램 오류도 많이 만나보고 시스템 개발과 운영에 많은 시간을 투자하면서 자신의 능력을 키워야 한다. 자신의 것으로 만드는 것이 많을수록 커리어에 도움이 될 것이라 확신한다.

전산실은 실무 조직이기 때문에 실무자의 노력 여하에 따라 시스템의 품질이 달라지는 것이다. 그래서 실무자가 담당하는 시스템에서 전문가가 되는 것은 더욱 매력이 있는 것이다. 나만의 경쟁력을 가지고 차별화된 실무자가 되도록 하자. 그리고 언젠가는 나만의 방법과 방식으로 시스템을 관리하는 시스템 운영 전문가가 되는 꿈을 꾸도록 하자.

첫 번째 이야기 · 전산실 실무자로 일한다는 것은

．
．
．

전산실에서 직장 생활을 시작한다면 대부분 실무를 하게 된다. 나 또한 전산실에서 처음 직장 생활을 시작할 때 시스템 개발과 운영 부문에서 실무를 하게 되었다. 파트 1에서는 전산실에서 실무자로 일하는 동안 느끼고 깨달은 것들과 한편으로는 반성이 필요한 경험에 대해 이야기해 보고자 한다.

지금도 여전히 실무를 하고 있지만 부족한 점이 많다. 일을 할 때마다 배우고 깨닫고 반성하며 경험을 쌓고 있다. 이 책은 전산실에서 실무자로 일한다면 이렇게 해야 한다는 정답을 제시하는 것이 아니다. 다만 전산실에서 근무하는 한 사람의 경험을 통해서 지금 전산실에서 실무자로 일하고 있는 사람이거나 앞으로 전산실에서 일하게 될 사람에게 필자의 경험이 조금이나마 도움이 되길 소망해 본다.

나의 경쟁력 - 업무 일지

"차별화가 경쟁력이다"

직장 생활에서 자신의 가치를 높이는 방법 중에 하나는 바로 경쟁력을 갖추는 것이다. 경쟁력이 곧 자신의 실력이라고도 할 수 있다. '나무도 쓸만한 놈이 먼저 베인다'라는 속담이 있다. 경쟁력을 갖춘 사람에게 더 많은 기회가 찾아오는 것은 당연한 일이다.

경쟁력은 곧 차별화라고도 할 수 있다. 남들과 다른 차별화된 그 무엇을 가지면 바로 경쟁력을 갖췄다고 말할 수 있는 것이다. 전산실에서 실무자로 근무하고 있다면 업무 일지를 작성할 것을 추천한다. 전산실 실무자가 작성할 수 있는 업무 일지에도 여러 종류가 있다. 일정을 관리하는 일정 관리 업무 일지, 고객 응대를 기록하고 관리하는 고객 응대 업무 일지 그리고 시스템을 운영하면서 작성할 수 있는 시스템 운영 업무 일지가 있다.

일정 관리 업무 일지

나의 하루 일과는 업무 일정 확인과 계획으로 시작한다. 먼저 오늘 무엇을 해야 하는지 확인하고 어떤 업무를 추가해야 하는지 마무리해야 할 일은 무엇인지 계획한다. 그리고 우선순위를 정하여 업무를 진행한다. 이와 같이 업무에 대한 일정 관리는 직장인이라면 누구나 하는 기본적인 사항일 것이다. 무엇을 언제까지 해야 할지 확인하는 것으로부터 하루 일과를 시작한다.

전산실에서 근무하는 실무자 또한 마찬가지이다. 일정 관리만 잘해도 경쟁력이 있다고 할 수 있다. 무슨 일을 하더라도 일정을 잘 지키는 실무자와 잘못 지키는 실무자는 차이가 날 수 밖에 없기 때문이다. 일정보다 일을 빠르게 진행하는 경우와 일정에 딱 맞춰 진행하는 경우 그리고 일정보다 늦는 경우에 따라서 실무자의 경쟁력이 달라진다.

관리자만 일정을 관리하는 것은 아니다. 전산실의 실무자도 개발 일정뿐만 아니라 회의 등 여러 일정들이 있다. 실무자도 자신의 일정을 일별, 주별, 월별로 계획하고 확인하면서 관리할 필요가 있다. 매일 체크하고 확인하면 변동성을 줄일 수 있다. 또한 변경이 발생했을 때 효율적으로 응대할 수 있다. 특히 시스템 개발 관련 일정이 변경되었을 경우 어떤 사유에 의해 변경되었는지 구체적으로 작성해 두면 추후에 같은 일로 반복되는 상황을 미리 예상하여 일정 변동에 대비할 수 있다. 일정 변경은 특히 민감한 부분이기 때문에 적극적으로 관리할 필요가 있다.

전산실 실무자라면 경쟁력이 되는 일정 관리 업무 일지 작성을 권한다. 일정에 대한 기록을 매일 체크한다면 업무를 진행할 때 분명히 도움이 된다. 차별화가 되고 경쟁력이 되는 일정 관리 업무 일지를 작성해 보자. 매일 일정을 적고 확인하는 것과 머릿속에만 있는 것에는 분명히 차이가 있다. 일정이 연기되거나 미뤄졌을 때 그 사유를 기재해 두면 추후에 비슷한 상황이 왔을 때 참고할 수 있다.

고객 응대 업무 일지

일정 관리를 제대로 하더라도 전산실에서 시스템을 운영하다 보면 계획대로 잘 되지 않는 경우가 많다. 여러 이유가 있겠지만 가장 큰 이유는 끊임없이 들어오는 고객 응대 때문이다. 그 외 갑작스럽게 찾아오는 시스템 장애나 시스템 오류 상황도 한몫한다. 특히 고객 응대를 하다 보면 하루 종일 정신 없이 전화를 받고 뭔가를 처리하긴 했는데 정작 내가 오늘 무슨 일을 했는지 잘 모르는 경우가 많다.

> 어떻게 하면 효율적으로 응대할 수 있을까?
> 어떻게 하면 고객 응대 시간을 줄일 수 있을까?

여러 가지 방법이 있을 수 있겠지만 그중에서 가장 간단하고 쉽게 할 수 있는 방법은 고객 응대 업무 일지를 작성하는 것이다. 전산실에서 일을 하다 보면 언제 무슨 문의가 들어올지, 처리에 얼마나 걸릴지 정확하게 알 수 없다. 같은 문의가 반복해서 들어오기도 하고 문의 사항을 처리하는 중에 다른 문의 사항이 들어올 수도 있다. 전산실에서 실무자로 근무하고 있다면 누구나 한번쯤은 겪었을 일이다.

현업의 응대 시간만 줄이더라도 내 일을 할 수 있는 시간을 많이 확보할 수 있다. 피할 수 없다면 효율적으로 대응하는 것이 현명한 선택이다. 고객 응대 업무 일지는 분명히 효율적인 대응 방안이다. 고객 응대 업무 일지라고 대단한 것은 아니다. 엑셀 파일에 문의 일자, 문의 내용, 문의자, 처리 내용 등을 간단하게 기록한다. 현업에게 전화나 메신저 등을 통해 문의가 왔는데 답변이 즉시 가능하지 않을 경우에는 일단 고객 응대 업무 일지에 기록한다.

고객 응대 업무 일지를 작성할 때 누릴 수 있는 장점은 먼저 우선순위가 정리되고 문의 관련 정보를 남겼기 때문에 현업에게 다시 물어보거나 찾을 필요가 없어진다는 것이다. 현업이 같은 문의를 여러 번 하였는데 응대가 늦어지거나 피드백이 없다면 불만을 많이 가질 것이다.

기록을 통해 현업의 불만을 줄일 수 있고 추후에 같은 내용으로 문의가 온다면 처리 시간도 많이 단축될 것이다. 기록할 가치가 있는 일이라면 실무자가 시스템을 운영하는 데 분명히 도움이 될 것으로 확신한다. 문의 사항에 대한 응대가 바로 해결되지 않는다면 고객 응대 업무 일지를 작성해 보자. 문의 사항을 즉시 처리할 수 있을 때까지 꾸준히 작성해 보자.

같은 내용을 여러 번 작성하다 보면 처리 방법이 자연스러워지고 시스템 개선으로도 이어진다. 그럼 문의 사항이 줄어들 것이고 시간이 갈수록 고객 응대 업무 일지를 작성할 일도 줄어든다. 고객 응대 업무 일지 작성이 줄어들수록 업무에 능숙해졌다는 뜻이고 시스템이 안정화되었다는 말이다.

시스템 운영 업무 일지

고객 응대를 하다 보면 실무자가 담당하는 업무이지만 직접 개발하지 않았던 수많은 프로그램을 보게 된다. 또한 자신이 담당하지 않는 업무의 프로그램까지 볼 수 있다. 자신이 개발하지 않았던 프로그램에 대한 문의가 올 때마다 해당 프로그램 소스를 보고 또 보는 경우가 많다. 언젠가는 익숙해질 수도 있겠지만 응대를 할 때마다 시간이 걸릴 수 밖에 없다. 시스템 운영 업무 일지 작성은 이런 시간을 단축하고 업무 파악을 하는 데 많은 도움을 준다고 확신한다.

시스템 운영 업무 일지는 고객 응대 업무 일지와 작성 면에서 조금 차이가 있다. 고객 응대 업무 일지가 고객의 문의 사항에 대한 정보나 내용에 집중한다면 시스템 운영 업무 일지는 시스템의 프로세스에 집중한다. 프로그램에 작성된 프로세스를 분석하여 작성하는 것이다. 프로세스를 작성해 두면 업무 파악에 많은 도움이 된다.

업무 파악뿐만 아니라 현업 응대도 빨라진다. 현업에 응대할 때마다 관련 프로그램을 열심히 찾아보고 응대하는 것과 이미 정리된 문서로 응대하는 것에는 분명 차이가 있을 것이다. 또한 이렇게 작성된 시스템 운영 업무 일지는 추후에 시스템 운영 매뉴얼을 만들 때 뿐만 아니라 업무 인수인계 시에도 많은 도움이 된다. 전임자의 노하우가 담긴 문서이기 때문에 인계자로서는 더 없이 도움이 되는 문서일 것이다.

나만의 경쟁력은?

전산실에서 실무자로 근무한다면 자신의 경쟁력이 무엇인지 한번 생각해 보자. 남들보다 뛰어난 IT 개발 능력이나 나홀로 담당하는 나만의 업무 범위가 경쟁력이 될 수도 있다고 생각할 수 있다. 하지만 전산실에서 개발 능력은 어느 정도 시간이 지나면 큰 차이가 나지 않는다. 또한 나홀로 담당하는 업무는 매너리즘에 빠질 위험이 있고 장애 발생 시 큰 부담으로 느낄 수 있기 때문에 장기적으로 생각한다면 큰 경쟁력이 될 수는 없다. 새로운 업무 분장과 인력 충원 등으로 업무는 언제든지 바뀔 수 있다. 어떤 업무를 하느냐보다 어떻게 업무를 하느냐에 더 집중해야 한다.

업무 일지는 어느 업무를 하더라도 분명히 차별화된 경쟁력이 된다. 나만의 업무 진행 노하우가 기록된 업무 일지를 한번 작성해 보길 권한다.

사소한 시스템 오류가 사소한 결과를 말하지는 않는다

"악마는 디테일에 있다(The devil is in the details)"

전산실에서 시스템을 운영하다 보면 크고 작은 수많은 시스템 오류를 만나게 된다. 그 크고 작은 시스템 오류를 어떻게 처리하느냐에 따라서 시스템 장애로 이어지기도 한다. 다행히 시스템 장애까지는 아니더라도 시스템 오류로 인해 사용자가 불편함을 느낄 수 있다.

시스템 오류는 정말 사소한 이유에서부터 전혀 예상하지 못했던 이유로도 발생한다. 문제가 항상 큰 것에서만 발생하는 것이 아니라 작은 것을 놓쳐서 생기는 경우도 많다. 전산실에 근무하는 어느 누구도 모든 시스템 오류를 예측할 수 없을 것이다. 예측이 가능하다면 시스템 오류를 모두 막을 수 있지만 현실적으로 모든 시스템 오류를 예측한다는 것은 불가능에 가깝다.

예측은 할 수 없지만 그래도 최대한 대비를 해야 하는 것이 전산실에서 시스템을 운영하는 실무자의 의무이다. 특히 사소한 시스템 오류가 발생하는 것은 실무자의 디테일을 알려주는 척도이다. 전산실 실무자가 담당하는 시스템을 얼마나 관심을 가지고 운영하고 있느냐에 따라 시스템 오류 발생을 줄일 수 있기 때문이다.

특히 금융권과 같이 돈과 관련된 시스템 운영 업무를 담당하고 있다면 사소한 시스템 오류에도 실제 금전적인 피해를 볼 수 있기 때문에 특별히 더 신경을 써야 한다. 조작자의 실수가 아닌 전산 시스템 오류로 문제가 생길 경우에는 한두 건이 아니라 여러 건이 발생할 수 있고 금액도 클 수 있기 때문에 돈과 관련된 업무를 담당하는 전산실 실무자는 시스템 오류에 더욱 신경을 써야 한다.

부끄러운 이야기지만 나도 사소한 시스템 오류로 인해 금전적으로 손해를 본 경우가 있었다. 인터넷 뱅킹 이체 수수료 납부 고객이 아닌데 고객의 계좌에서 이체 수수료를 출금한 경우, 고객의 출금 계좌에서는 정상적으로 출금되지 않았는데 입금 계좌에 자금을 입금한 경우 등 크고 작은 시스템 오류로 인한 사고를 경험했다.

문제의 원인은 정말 사소한 것이었지만 그 결과는 상상 이상이었다. 시스템 오류의 원인이 되는 프로그램은 당장 수정해서 변경하면 되지만 이미 벌어진 자금 사고는 내 힘만으로는 어떻게 할 수 없는 부분이었다. 자금이 바로 회수되면 다행이지만 자금이 회수되는 데 많게는 몇 개월씩 걸리기도 하였다. 아니 몇 개월이 걸리더라도 자금이 회수되면 다행이었다. 결국 자금을 회수하지 못하고 손실 처리하는 경우도 있었다. 한두 푼이라면 내 돈이라도 내서 어떻게 하겠지만 혼자 감당할 수 있는 수준도 아니었다. 또한 고객 감동 센터를 통해 고객 민원도 발생하였기 때문에 사소한 원인으로 인해 여러 사람이 힘들게 된 상황이 되어 버렸다.

문제는 정말 사소한 시스템 오류였지만 결과는 전혀 사소하지 않았다. 변명 거리도 있겠지만 프로그램 개발 시 조금만 더 신경을 썼다면 발생하지 않았을 것이다. 프로그램 개발 사항을 너무 쉽게 생각해 충분한 테스트를 거치지 않은 상태에서 운영에 프로그램을 반영하거나, 개발 사항에 대해서 충분한 분석을 하지 않고 일부분만 개발하여 전혀 생각하지 못했던 곳에서 오류가 발생하는 경우 등의 이유로 시스템 오류가 발생해서는 안 될 것이다.

물론 실무자 입장에서는 시간 부족, 인력 부족, 관리자의 확인 누락, 정신이 없는 상황 속에서 여러 일들을 처리하다 보니 정상적인 상황에서는 결코 발생하지 않는 일들이라고 말할 수 있을 수 있다. 억울한 부분도 분명 있을 것이다. 하지만 자신을 보호하기 위해서라도 이런 일들은 사선 예빙이 최선이다. 나의 억울한 면을 아무리 호소해도 당시에는 이해가 되지만 시간이 지날수록 사실만 남기 때문에 자신의 실수가 더 크게 기억되기 때문이다.

사소한 시스템 오류가 정말로 사소한 결과로만 끝난다면 다행이지만 꼭 사소한 시스템 오류가 사소한 결과를 말하지는 않는다. 실무자가 조치할 수 없는 외부 상황에 의해 발생하는 시스템 오류는 모르겠지만 적어도 자신이 담당하는 시스템에서 사소한 문제로 시스템 오류가 발생하지 않도록 꼭 대비책을 세워야 한다. 실무자 개인 차원에서 대비를 하는 것도 당연하겠지만 조직적으로 체계적인 시스템 오류 방지 보완책을 마련하는 것도 좋은 방법이라고 할 수 있다.

시스템 운영 전문가라면 자신이 담당하는 시스템을 자존심을 가지고 운영해야 한다. 사소한 부분도 신경 쓰는 디테일한 면이 있어야 한다. 다 잘해놓고 사소한 부분 하나 놓쳐서 옥의 티가 되어 공든 탑이 무너지는 경우가 있어서는 안 된다.

THE DEVIL IS IN THE DETAILS

악마는 디테일에 있다

애플의 창업자 스티브 잡스(Steve Jobs, 1955~2011)는 어느 것 하나 쉽게 지나치지 않는 완벽주의자로 정평이 나 있다. 이러한 완벽함은 애플 제품에 디테일로 나타났다. 아이팟이 발표되기 며칠 전 스티브 잡스가 아이팟에 이어폰을 집어넣었는데 '딸깍' 하는 소리가 났고 이것이 맘에 들지 않자 직원들에게 이어폰 잭 자체를 바꾸도록 명령했다고 한다. 일반 사람이라면 신경 쓰지 않을 세부적인 일들에 스티브 잡스가 얼마나 집착하는지 보여주는 사례이다.

또 매킨토시를 개발할 때 스티브 잡스는 컴퓨터 내부의 보드까지 일일이 체크했다고 한다. 컴퓨터 내부의 부품 배치를 보면서 이런 저런 평가를 내렸다고 한다. 그러자 개발자 중 한 명인 조지 크로가 스티브 잡스에게 반발하며 말했다.

"누가 PC 보드의 모양까지 신경씁니까? 가장 중요한 것은 얼마나 잘 작동하느냐이지 아무도 PC 보드를 꺼내보지 않는다구요." 그러자 스티브 잡스는 이렇게 말했다.

"내가 봅니다. 비록 그것이 케이스 안에 있다고 할지라도 나는 그것이 가능한 아름답기를 바랍니다. 위대한 목수는 아무도 보지 않는다고 해서 형편없는 나무를 쓰지 않습니다."

전산실의 실무자라면 스티브 잡스의 디테일한 면을 배워야 한다. 작은 것 하나에도 신경을 쓰고 누가 보던 보지 않던 최선을 다하는 자세가 필요하다.

전산실에서 시스템을 운영하고 있는 실무자라면 자신이 운영하는 시스템에서 사소한 부분까지 놓치지 않고 신경 쓸 수 있어야 한다. 시스템 운영 전문가는 얼마나 디테일한가에 달려 있다고 해도 과언이 아니다. 디테일이 시스템 운영 선문가의 경쟁력이다. 사소한 부분까지 신경 쓸 수 있어야 한다. 결코 사소한 시스템 오류가 사소한 결과를 말하지는 않기 때문이다.

전산에 문제 있어요?

"완벽한 전산 시스템은 어디에도 없다. 하지만, 문제가 발생했다면
즉각적인 조치를 통하여 문제를 최소화해야 한다"

"전산에 문제 있어요?"
"전산이 왜 이래요?"
"전산에서 당연히 돼야 하는 거 아닌가요?"
"이거 전산 오류 아니에요?"
"전산이 이래서 어떻게 업무를 하나요?"
"이거 왜 이렇게 만든 거에요?"

전산실 실무자라면 시스템 사용자로부터 한번쯤은 이런 말들을 들어봤을 것이다. 또 어떤 프로젝트를 마치고 새로운 시스템을 오픈한 다음이라면 이런 말들보다 더 한 말도 들을 수 있다. 이런 말을 듣고 자존심이 상하지 않거나 심기가 불편하지 않을 전산실 실무자는 아마도 없을 것이다. 만약 이런 말을 듣고도 기분이 나쁘지 않다면 본인이 담당하는 시스템에 책임감이 없다고 할 수 있다.

이런 말을 하는 시스템 사용자 입장에서 본다면 업무 처리 중 시스템 오류가 발생하면 당연히 화가 날 것이다. 특히 대면 고객 업무를 하는 시스템 사용자 입장에서 전산 시스템이 제대로 되지 않는다면 바로 앞에서 민원을 직접 받기 때문에 스트레스가 더 심할 것이다. 그래서 전산실 실무자는 전산 문제라는 말을 듣지 않기 위해서라도 적어도 자신이 할 수 있는 범위 내에서는 시스템 오류 발생 상황을 최소화해야 하고 오류가 발생하였다면 즉각적인 조치를 취할 수 있어야 한다.

시스템에서 오류가 발생하는 경우는 다양하다. 어떤 문제이건 시스템에서 발생한 문제를 해결하기 위해 최선을 다하는 것은 전산실 실무자의 당연한 의무이다. 하지만 모든 시스템 오류가 전산실 실무자의 탓이라고 보기에는 무리가 있다. 따라서 시스템 사용자도 시스템 오류를 무조건 전산실 실무자의 문제로만 보지 말고 오류 발생 상황에 따른 이해와 소통이 필요하다.

프로그램 개발 관련 오류

시스템 사용자들이 가장 쉽게 생각하는 오류는 아마도 시스템 프로그램 관련 오류일 것이다. 프로그램 오류로 시스템에 나오는 에러 메시지는 사용자 입장에서 본다면 무슨 말인지 전혀 알 수 없다. 암호 코드 같은 영어 문자와 숫자로 이루어진 것들이 화면에 보이면서 해석이 불가능하다. 사실 전산실 실무자도 에러 메시지만 보고는 알 수 있는 게 많지 않다.

만약 이런 프로그램 관련 오류라면 전산실 실무자는 문제에 대한 책임 의식을 가지고 최대한 빨리 해결할 수 있어야 한다. 또 다시 이런 실수를 하지 않도록 노력해야 한다. 테스트는 충분히 했는지 개발 과정에서 놓친 것은 없었는지 반드시 되짚어 봐야 한다. 이런 오류라면 실무자는 변명의 여지가 없다. 본인의 임무를 충실히 수행하지 못할 것이므로 듣기 싫은 소리도 기분 나쁘게만 듣지 말고 반성의 계기로 삼아야 할 것이다. 다시는 이런 말을 듣지 않도록 노력해야겠다.

프로그램 개발 오류는 전산실 실무자의 책임이 크다

프로세스 관련 오류

두 번째는 프로세스에 의해 오류가 발생하는 경우이다. 이 경우는 프로세스에 의해 오류가 유발되도록 만들어 놓은 것이다. 업무 처리 시 처리가 되지 않거나 처리되면 안 되는 상황을 오류로 유발한 것이다. 그 원인이 어디에 있든지 처리가 되면 안 되기 때문에 오류 메시지가 보여지는 것이다. 이러한 오류로 인하여 업무 처리가 되지 않는다고 전산 시스템 문제라고 생각하기에는 조금 무리가 있다.

따라서 사용자가 생각대로 되지 않는다고 무조건 전산 시스템 문제라고 생각하면 안 된다. 오류가 나더라도 오류의 원인이 프로세스에 의해 발생했다면 정상적인 프로세스일 수 있기 때문이다.

하지만 이런 프로세스 오류가 발생할 경우에도 전산실 실무자는 최대한 자세한 메시지로 안내를 해야 한다. '오류'라는 불편한 메시지를 '안내'라는 친절한 메시지로 바꿀 수 있어야 한다. 또 업무 정의가 제대로 되지 않았거나 전혀 생각하지 못했던 경우로 인해서 처리가 되지 않을 수도 있기 때문에 현업과 업무 협의 시 프로세스를 디테일하게 정의할 수 있도록 신경 써야 하겠다. 또 프로세스에 의해 오류가 발생할 경우에는 최대한 자세한 메시지로 안내해서 시스템 사용자를 이해시킬 수 있어야 한다.

인프라 관련 오류

세 번째로는 서버나 WAS(Web Application Server), 네트워크, DB(DataBase) 등의 IT 인프라 환경에서 발생하는 시스템 오류가 있을 수 있다. 서버나 WAS의 다운, 네트워크 연결 오류, DB 처리의 지연 등 인프라 관련 문제로 인해 전산 업무가 되지 않을 수 있다. 인프라 관련 문제가 발생하면 전산실에서 근무하는 엔지니어는 문제를 최대한 빨리 해결할 수 있도록 조치를 해야 하며 업무 관련 실무자는 현업 담당자의 입장을 헤아려 상황 설명을 최대한 잘할 필요가 있다.

현업 담당자들이 궁금해 하는 것은 언제 복구가 되냐일 것이다. 언제 복구되는지 알아야 현업들도 일을 어떻게 진행할지 판단할 수 있기 때문이다. 인프라 관련 오류에 대해 즉각적인 조치가 이루어지지 않는다면 조치 예정 시간 등을 현업들에게 안내하여 현업의 불안감이나 불만을 풀어줘야 한다.

대외 기관 관련 오류

마지막으로는 대외 기관 등 외부 상황에 의해 시스템 문제가 발생할 수 있다. 회사에 따라 대외 기관과 연동해서 업무를 처리하는 경우가 있다. 금융 회사라면 금융결제원, 한국신용정보원, 전국은행연합회, 카드사, CB(Credit Bureau)사를 포함하여 여러 대외 기관이 있을 수 있고 금융 회사가 아니더라도 업무와 관련된 많은 대외 기관과 함께 업무를 처리할 수 있다.

대외 기관과 연동된 경우에는 사실 전산실 실무자가 특별하게 할 수 있는 방법은 많지 않다. 대체 가능한 방법이 있다면 그 방법을 통해 업무 처리를 할 수 있도록 해야 하고 그런 것이 아니라면 외부 기관의 장애 사항을 현업에게 공지하여 상황에 대처할 수 있게 해야 한다.

외부 상황에 의해 전산 문제가 발생했더라도 내부적으로 영향을 받기 때문에 후속 조치를 빠르게 하여 추후 진행하는 업무에 문제가 발생하지 않도록 해야 한다. 대외 기관의 장애 발생 시 후속 조치가 중요하다. 따라서 전산실 실무자는 대외 기관의 장애 복구 후 후속 조치 사항을 신속히 처리할 수 있도록 평소에 준비를 해 두어야 한다.

그 밖에 어떤 상황의 전산 시스템 문제에 대해 전산실 실무자는 자유로울 수 없다. 각 상황에 최선을 다해 대응해야 할 것이다. 오류 없는 완벽한 전산 시스템은 없지만 오류가 발생했다면 즉각적인 조치를 하는 것이 전산실 실무자의 의무일 것이다. 또한 시스템 오류에 대비하여 사전 예방을 이중 삼중으로 하는 것도 필요하겠다.

전산 시스템 오류가 전산실 실무자의 문제로만 인식되어서도 안 되겠지만 그 전에 실무자가 나름대로 최선의 노력을 하고 난 다음에야 다른 주장을 펼칠 수 있다. 시스템 운영 전문가라면 자신이 담당하는 시스템에서 오류를 최소화하는 방법과 대책을 만들어 운영할 수 있도록 해야 하겠다.

전산 시스템 운영은 서비스이다

"품질은 최고의 서비스이다"

전산실의 주 업무는 전산 시스템 운영이다. 기업이 비즈니스를 잘 할 수 있도록 전산 시스템을 안정적으로 운영하는 것이 전산실의 존재 목적이며 주요 업무라고 할 수 있다. 기업의 전산 시스템 품질에 따라 직접적으로는 시스템 사용자의 업무 처리가 편리해지고 간접적으로는 회사 수익 발생이 영향을 받는다.

전산실은 지원 부서이다. 지원 부서의 주된 역할은 현업 부서에서 비즈니스를 잘 할 수 있도록 지원하는 것이다. 전산실은 단순히 전산 시스템 개발을 잘 하는데 목적이 있는 부서가 아니다. 기능이 아무리 많은 시스템이라도 시스템 사용자에게 도움이 되지 않는다면 그 시스템은 전산실 실무자의 자기만족에 그칠 것이다. 전산실에서 시스템 운영의 목적은 단지 IT 기술을 이용하여 시스템을 개발하는 것이 아니라 시스템 개발을 통해 시스템 사용자를 만족시키는 데 있다.

사용자에게 도움이 되지 않는 시스템은 무용지물(無用之物)이다. 전산실 실무자라면 어떻게 하면 시스템 사용자에게 많은 도움을 줄 수 있는지 고민하는 서비스 정신이 필요하다. 내가 만들기 편한 시스템을 만드는 것이 아니라 사용자에게 어떻게 하면 더 편리한 전산 서비스를 제공할 수 있을지 고민하고 만들어야 한다.

IT가 서비스업이라고 생각하지는 않는다. 그렇다. IT는 서비스업은 아니다. 하지만 전산실에서 IT를 한다면 서비스 정신은 반드시 가져야 한다. 전산실에서의 서비스는 무엇인지 한번 생각해 봐야 한다.

애프터 서비스보다 비포 서비스를

제조업에서 최고의 서비스는 품질 좋은 제품을 만드는 것이다. 품질이 좋은 제품일수록 고객들이 많이 찾고 다른 제품보다 우수하다고 할 수 있다. 마찬가지로 전산실에서 최고의 서비스는 품질 좋은 프로그램을 만드는 것이다. 품질 좋은 프로그램은 오류가 없고 사용자 편의성을 고려한 것이다. 더 나아가서는 프로그램 오픈 후 개선의 필요성을 느낄 필요가 없는 수준까지 되면 좋겠다.

만약 개선이 필요하다면 현업과 고객이 개선의 필요성을 느끼기 전에 전산실 실무자가 먼저 개선하면 더 좋은 품질의 프로그램이 된다. 시스템 사용자인 현업이나 고객이 개선 사항을 먼저 요청한 후 처리하는 애프터 서비스

(After Service)보다는 개선 사항을 자체적으로 먼저 처리하는 비포 서비스 (Before Service)가 개선 사항을 동일하게 처리하더라도 느낌이 다르다.

애프터 서비스는 문제가 발생한 후 수습하는 느낌이라면 비포 서비스는 더 좋은 품질의 프로그램을 위해 노력하는 느낌을 받는다. 작고 사소한 일부터 시작하면 된다. 애프터 서비스가 아닌 비포 서비스로 시스템을 적극적으로 운영한다면 남다른 시스템 운영자가 될 것이다. 현업과 고객에게 더 좋은 서비스를 제공하여 나의 가치를 높이고 다른 사람보다 더 나은 경쟁력을 갖추게 된다.

애프터 서비스와 비포 서비스의 차이점을 생각해봐야 한다

수동적인 자세보다 능동적인 자세로

비포 서비스를 하기 위해서는 능동적인 자세가 필요하다. 능동적인 자세란 시스템을 스스로 개선하려는 의지이다. 능동적인 자세에서 좋은 서비스가 나온다. 시키는 일, 지시한 일만 잘한다면 중간은 되지만 그 이상은 되지 못한다. 하지만 스스로 움직인다면 중간 이상은 간다.

실무자가 무엇을 개선해야 할지 시스템을 끊임없이 바라보고 고민해야 한다. 편의성을 고려한 화면 디자인부터 정확한 의사 전달 문구, 고객 지향적인 오류 메시지, 추가 정보 표시, 개선 프로세스로 인한 시간 단축, 쿼리 튜닝 등등 찾아보고 고민해 본다면 많은 부분에서 개선할 점을 찾을 수 있다. 해야 할 일들이 정해졌다면 일정을 잡고 진행을 하면 된다. 아무리 좋은 생각도 행동하지 않으면 소용이 없다.

능동적인 자세로 품질 좋은 시스템을 운영해 보자. 현업이나 고객보다 먼저 그들의 요구를 파악해 보자. 품질 좋은 서비스를 능동적인 자세로 지속적으로 제공한다면 최고의 시스템 운영 전문가가 될 것이다.

수동적으로 받은 일을 처리하는 것보다 능동적으로 일을 찾아서 처리하는 것이 더 좋은 품질의 시스템을 만드는 방법이다. 감동적인 서비스는 찾기 전에 찾아가는 것이다.

내가 자주 찾는 집 근처 음식점은 밑반찬이 떨어지기 전에 먼저 직원이 밑반찬을 채워주고 더 부족한 것이 없냐고 묻는다. 직원들이 항상 고객의 테이블을 주시하고 있다가 밑반찬이 떨어지면 주저 없이 다가와 채워 준다. 음식도 맛있고 서비스도 좋으니 단골이 안 될 수가 없다. 서비스는 바로 이런 것이다. 요구자가 찾기 전에 먼저, 먼저 해 주는 것이다. 전산실에서 근무하는 실무자도 이와 같은 서비스를 해야 한다.

전산실의 시스템 운영 전문가는 자신이 담당하는 시스템이 최고의 품질을 갖출 수 있도록 해야 한다. 애프터 서비스보다 비포 서비스를, 수동적인 자세보다 능동적인 자세로 담당 시스템을 운영할 수 있는 실무자가 되자.

무엇을 말하냐보다 어떻게 말하냐가 더 중요하다

"전문가는 단순히 전문 지식에 의해서 결정되는 것이 아니다.
전문가는 전문 지식을 바탕으로 한 커뮤니케이션 능력을 갖추어야 한다"

전산실 실무자는 시스템을 개발하고 운영하면서 많은 부분을 현업과 협의하면서 진행해야 한다. 시스템 개발에 대한 요구사항부터 일정까지 직접 만나서 회의를 통해 업무를 진행할 수도 있고 전화 통화로 업무 처리를 할 때도 있다. 또 메일로 업무 응대를 할 수도 있고 메신저 등으로 커뮤니케이션을 할 수도 있다.

어느 조직이나 다 마찬가지이겠지만 전산실에서도 커뮤니케이션에 대한 중요성은 빠질 수 없다. 아니 어쩌면 전산실 실무자라면 커뮤니케이션에 더 신경을 써야 할지도 모른다. 왜냐하면 전산실 실무자 대부분은 사람과의 커뮤니케이션보다 프로그램 언어라는 기계어로 시스템과 커뮤니케이션을 더 많이 하기 때문이다. 그러다 보니 사람들과 커뮤니케이션을 할 때도 시스템과 커뮤니케이션을 하는 것처럼 솔직하고 단도직입적인 커뮤니케이션을 많이 하게 된다.

마음속으로 말하는 것이 바로 겉으로 드러난다. 간접적인 표현보다 직접적인 표현이 익숙하다. 프로그램 개발을 하다가 혼잣말로 하는 짜증스러운 말들이 자신도 모르게 나온다. 전산실 사람들이 커뮤니케이션에 약하다거나 답답하다는 말은 전산실에 근무한다면 한번쯤 들어보지 않았을까 생각된다. 이유야 어떻든 전산실 실무자라면 내가 무엇을 말하고 있느냐 보다 어떻게 말하고 있는지 한번쯤 생각해 볼 필요가 있다.

업무 지식도 중요하겠지만 내가 가지고 있는 업무 지식을 가지고 상대방과 어떻게 커뮤니케이션을 하고 있는지 한번 생각해 보자. 현업과 커뮤니케이션할 때 나의 상황만 생각하며 말하고 있는 건 아닌지 상대방은 알아들을 수 없는 IT 용어를 앞세워 전산실 담당자만 이해할 수 있는 말들을 하고 있는 건 아닌지 말이다. 남과 다른 커뮤니케이션으로 차별화를 한다면 진정한 전문가로 인정받을 수 있다. 사실 아무리 일을 잘해도 커뮤니케이션 능력이 떨어져 제대로 대우받지 못하는 경우도 있다.

커뮤니케이션에서 가장 중요한 건 상대방에 대한 배려이다. 같은 말을 하더라도 '아' 다르고 '어' 다르다는 것은 누구나 다 안다. 같은 말을 해도 누구는 참 기분이 나쁘다는 느낌을 받았고 누구는 기분이 좋다는 느낌을 한번쯤은 받아 봤을 것이다. 자신의 의사를 표현할 때 정확하게 무엇을 말하는지도 중요하지만 상대방의 입장을 고려해서 어떻게 말하는지 생각하면 된다.

전산실 실무자가 현업과 커뮤니케이션을 하다 보면 가끔 갈등이 생기는 경우가 있다. 전산실 실무자가 생각했을 때는 오류가 아닌데 현업 담당자는 오류라고 하고 전산실 실무자는 안 될 거 같다고 하는데 현업 담당자는 전산에서 안 되는 게 어디 있냐고 하면서 감정적으로 대응할 때가 생긴다. 상대방이 누구인지에 따라 커뮤니케이션 방법에 차이가 있겠지만 인정 받는 시스템 운영 전문가가 되기 위해서는 주변 관계자들이 인정할 수 있는 스스로의 커뮤니케이션 원칙 정도는 세워 두는 것이 좋겠다.

일과 사람을 구분

먼저, 커뮤니케이션을 할 때 일과 사람을 구분해야 한다.

사람과 갈등이 생기면 어떤 일을 하기가 평소보다 힘들다. 사람과의 갈등이 있냐 없냐에 따라서 어려운 문제도 쉽게 풀리고 쉬운 문제도 어렵게 풀릴 수 있다. 갈등을 피하는 것이 최고의 방법이지만 그럴 수 없다면 일을 먼저 생각하는 자세가 필요하다.

일을 먼저 해결한 후에 사람에 대한 갈등을 풀어야 한다. 보통 일이 잘 해결되면 갈등이 자연스럽게 풀릴 수도 있지만 일이 해결되지 않는다면 갈등은 더 깊어진다. 또한 일을 먼저 해결해 놓으면 할 말이 생긴다. 갈등의 원인이 어디에 있든지 상대방이 고마워할 수 있고 미안해할 수도 있다.

아무리 일이 잘 해결되어도 갈등이 해결되지 않는다면 정말 함께 일하기 힘들겠지만 이런 사람과는 누구나 함께 일하는 것을 꺼려 할 것이다.

따라서 사람과 갈등이 생긴다면 사람보다는 일을 먼저 생각하고 일을 중심으로 지혜롭게 대처해야 하겠다.

현업이 아니라 관리자와의 커뮤니케이션에서도 갈등이 생길 수 있다. 특히 관리자와의 갈등은 현업과의 갈등보다 더 부담스럽다. 매일 봐야 하는 관리자와 갈등이 생긴다면 스트레스는 더 할 것이다. 관리자와 갈등이 생기더라도 업무적으로 커뮤니케이션을 망설이거나 피하면 절대로 안 된다. 업무적으로는 확실히 구분을 해서 일을 처리할 수 있어야 나중에라도 오해를 풀 수 있다.

피드백은 확실히

두 번째로는 피드백이 되는 커뮤니케이션을 해야 한다.

전산실 실무자와 현업 담당자가 만나 어떤 업무를 진행하면 누군가는 요청을 하고 누군가는 요청을 받는다. 하지만 주고 받는 것이 일방적이어서는 안 된다. 반드시 서로 주고 받는 것이 있어야 한다. 한 쪽에서 일방적으로 주고 다른 쪽에서 일방적으로 받는다면 누군가에게는 불공평한 결과가 될 수 있다.

주고 받는 것은 피드백이다. 예를 들어 현업 담당자가 프로그램 개발을 요청해서 전산실 실무자가 개발을 완료하였다면 전산실 실무자는 현업 담당자에게 프로그램 개발 테스트 요청을 해 프로그램 개발이 정상적으로 되었는지 확인을 받는 커뮤니케이션이 필요하다.

요청 사항을 받고 프로그램 오픈까지 현업 담당자에게 아무런 피드백 없이 시스템 오픈을 했다면 전산실 실무자의 일방적인 커뮤니케이션인 것이다. 오픈 후 문제가 생긴다면 현업 담당자는 왜 시스템을 이렇게 만들었냐 하고 항의할 수도 있다. 또한 현업 담당자가 요구한 내용이 아닌 프로그램 개발

일 수도 있다. 따라서 반드시 테스트 결과서를 받아 현업 담당자에게도 시스템 개발 요청 사항에 대한 최종 확인을 받아야 한다. 또 시스템을 오픈한 후에 현업 담당자가 최종 확인할 수 있도록 한다면 더 확실한 피드백을 받을 수 있다.

요청 사항에 대한 테스트를 요청하여 반드시 피드백을 받도록 하자. 요청한 내용대로 잘 되었는지 더 보완할 것은 없는지 요청자에게 꼭 확인받아야 한다. 또한 내가 생각하지 못한 부분에서 문제가 발생할 수 있으므로 반드시 요청자가 테스트를 해 보는 것이 좋다.

피드백이 되는 커뮤니케이션을 해야 한다

말보다는 글로

세 번째로 말보다는 글로 커뮤니케이션을 하는 것이 좋다.

글은 말보다 힘이 있다. 특히 말을 잘 하지 못한다면 글의 힘을 믿어 보아라. 같은 일이라도 구두로만 진행하는 것보다 글로 근거를 남기면서 진행하는 것에는 큰 차이가 있다. 말은 상황에 따라 바뀔 수 있지만 글은 한번 작성되면 바꿀 수 없다. 기록이 남는 것이다.

전산실 실무자라면 특히 현업의 요청 사항을 문서로 받아서 근거를 남겨두어야 한다. 실무자 입장에서 문의 사항이 생기면 구두로 물어보기보다는 메일로 주고 받는 것이 좋다. 말보다는 귀찮고 시간도 오래 걸리지만 상황에 따라서는 꼭 필요한 부분이다. 혹시나 실무자가 아마 이럴 거야 하고 추측대로 업무를 진행하다가 현업의 요청 사항과 다르다면 상황에 따라서 큰 이슈가 발생할 수 있기 때문이다. 처음부터 제대로 된 커뮤니케이션으로 정확한 의사소통을 했다면 문제가 되지 않을 수 있다. 현업과의 커뮤니케이션은 대면해서 하는 것이 가장 좋다. 그리고 그 이후에 글로 남기면서 커뮤니케이션을 하면 서로의 입장을 더 잘 이해할 수 있다.

지금이 올라갈수록 전문 지식보다 커뮤니케이션이 더 중요하다. 실무자라면 누구든지 자신의 업무에서는 최고의 전문가이어야 한다. 그런데 전문 지식을 포장하고 빛나게 하는 것이 바로 커뮤니케이션이라고 할 수 있다. 누구나 다 같은 지식을 가지고 있다면 그것을 어떻게 표현하냐가 더 중요해진다. 무엇을 말하냐보다 어떻게 말하냐가 더 중요하다. 신뢰받는 시스템 운영 전문가가 되기 위해서는 무엇을 말하냐보다 어떻게 말하는지를 더 생각해야 한다.

나의 커뮤니케이션 원칙은?

업무 능력만으로는 시스템 운영 전문가가 될 수 없다. 업무 능력이 아무리 뛰어나더라도 커뮤니케이션이 안되면 협업하기가 힘들기 때문이다. 시스템 운영 전문가를 꿈꾸는 실무자라면 업무 능력을 바탕으로 자신만의 커뮤니케이션 원칙을 세워 자신이 더욱 돋보일 수 있도록 해야 한다.

직업관

"지금 내가 하고 있는 일이 나중에 어떻게 쓰일 것인가를 생각하기보다
지금 내가 하고 있는 일을 어떤 태도로 하고 있는지를 생각하자"

전산실에서 운영하는 시스템은 기업에서 비즈니스를 하는 거의 모든 업무를 다룬다. 그 외 별도로 구입한 솔루션도 있지만 대부분의 업무는 전산실에서 운영되는 시스템에서 처리된다고 할 수 있다. 기업의 비즈니스에 따라 전산실 실무자에게는 각자 담당하는 업무가 정해진다. 실무자마다 담당하고 싶은 업무도 있을 것이고 담당하고 싶지 않은 업무도 있을 것이다. 또 업무 비중에 따라 중요한 업무가 있고 덜 중요한 업무가 있을 수 있다.

아무튼 어떤 업무든지 업무 특성에 따라 해당 업무를 처리하는 방법이 있을 것이다. 전산실 실무자는 어떤 업무를 담당하든지 자신이 담당하는 업무에 대해서는 최고의 전문가가 되어야 한다. 자신이 하고 싶었던 업무이든 하고 싶지 않은 업무이든 일단 담당이 되었다면 그 업무에 대해서는 가장 잘 알아야 한다. 자신이 하고 싶지 않은 업무이거나 중요하지 않은 업무라고 해서 소홀히 해서는 안 된다.

자신이 담당하는 업무가 하고 싶었던 업무든 하고 싶지 않았던 업무든 그 업무를 어떻게 대하는지가 더 중요하다. 조직에서는 자신이 하고 싶은 일만 하면서 직장 생활을 할 수 없다. 자신이 담당하는 업무에 대해 기본적으로 최선을 다하는 자세를 가지고 있다면 그 다음으로는 자신이 맡은 업무의 특성에 따라 업무에 어떻게 임해야 하는지 고민해 볼 필요가 있다.

공격적으로 해야 할 업무

먼저 회사 실적에 직·간접적으로 영향을 주는 업무를 하고 있는 실무자라면 업무를 공격적으로 할 필요가 있다. 공격적이라는 의미는 업무를 처리함에 있어서 현업의 요청 사항만 받아서 처리하는 것이 아니라 그 이상을 생각해서 업무를 처리하는 것이다.

기업이라면 영업 활동을 통해 실적을 올리는 업무가 있다. 이렇게 영업 부서와 관련된 전산 시스템을 담당하고 있는 전산실 실무자라면 영업 부서에서 실적을 올리기 위해 전산 시스템을 지속적으로 변경하고 추가하는 노력에 적극적으로 협조해야 한다.

이에 한 발 더 나아가 영업 부서 담당자가 볼 수 없는 것들을 찾아내서 전산실 실무자가 먼저 제안하고 추진하여 영업 부서에서 실적을 올릴 수 있도록 한다면 더욱 좋겠다. 분명 전산실 실무자만이 볼 수 있는 것들이 있다. 이런 것들을 찾아내서 전산실 실무자가 영업 부서에 먼저 제안한다면 분명 남다른 실무자가 될 것이다.

금융권 전산실의 예를 들자면 회사 실적에 가장 큰 영향을 미치는 여신 관련 업무가 공격적인 업무의 대상이 될 수 있다. 여신 업무의 경우 영업 부서의 요청 사항이 많고 프로세스가 수시로 변한다. 또한 간단한 프로그램 수정부터 신규 프로세스 개발, 상품 개발, 자료 요청 등 각 영업 부서마다 특성이 다르다.

전산실 실무자는 이런 다양한 요청 사항을 영업 부서의 요구 시간보다 더 빠르게 처리하고 그 이상의 결과물을 내놓아야 한다. 영업 부서 담당자가 무엇인가를 요구하기 전에 전산실 실무사가 직극적으로 추진하는 것이다.

당연히 쉽지 않은 일이다. 쉽지 않기 때문에 차별화가 되는 것이다. 요청 사항을 받기 전에 내가 먼저 요청 사항을 정의하고 요청이 있기 전에 먼저 개선을 해서 영업 부서에게 알려준다면 분명히 차별화가 될 것이다.

나는 무엇으로 차별화할 수 있을지 한번 생각해 보자. 프로야구에는 타자들의 공격 지표를 나타내는 항목이 몇 가지 있다. 타율, 홈런, 안타, 타점, 득점, 도루, 볼넷(4사구), 출루율, 장타율, OPS, WAR 등 선수 각자마다 잘하는 공격 지표가 있다. 어떤 선수는 타율이 높고, 어떤 선수는 홈런을 잘 치고, 어떤 선수는 도루를 잘한다. 경기에서 각자의 장점을 살려 팀이 이길 수 있도록 최선을 다한다.

전산실에서 공격적인 업무를 담당하고 있다면 나의 강점을 찾아 시스템 운영에서 남과는 다른 차별화된 능력을 보여주도록 해 보자. 만약 프로야구 선수처럼 FA 신청을 할 수 있다면 엄청난 몸값으로 계약하는 대박을 터트릴 수 있을 것이다.

수비적으로 해야 할 업무

회사의 실적에 직·간접적으로 영향을 미치기보다 기본적으로 구축되어 있어야 하는 업무들이 있다. 현업이나 고객의 입장에서 본다면 당연히 구축되어 있어야 하는 업무들이 이에 해당된다.

실적에 영향을 주지는 않지만 제대로 처리되지 않으면 현업의 불만이나 고객 민원으로 이어질 수 있는 업무로, 수익은커녕 비용이 발생하거나 민원이 많이 발생하는 업무들이다.

수비적인 업무란 축구에서 수비수나 골키퍼가 평소에 잘하다가 실수 한번으로 상대편에게 골을 허용하면 경기에서 질 수 있듯이 기본적으로 당연히 되어야 하는 업무로 한번의 실수로 전체 업무에 큰 영향을 미칠 수 있는 업무이다. 따라서 수비적인 업무를 담당하고 있는 전산실 실무자라면 자신의 자리를 잘 지켜 문제가 없도록 시스템을 운영해야 한다.

가령, 금융권 전산실에서 수비적인 업무는 수신 및 전자 금융 관련 업무와 그 외 현업의 업무 처리에 필요한 후선 관련 업무들이다. 이 밖에 대외 기관 관련 업무와 고객을 상대로 서비스를 하는 비대면 관련 업무 그리고 DB, 네트워크, 서버 등의 IT 인프라도 수비적인 업무라고 할 수 있다.

수비적인 업무는 공격적인 업무에 비해 아무리 잘하더라도 상대적으로 일의 성과가 잘 드러나지 않는 안타까움이 있는 것은 사실이다. 열 번 잘하다가 한 번의 장애로 모든 것이 무너진다. 말 그대로 공든 탑이 한 번에 무너지는 격이다. 대부분 당연히 되어야 하는 업무나 서비스로 생각하기 때문에 서비스가 정상적이지 않을 때에만 이슈가 되고 문제가 된다.

따라서 수비적인 업무를 할 때는 평소 모니터링을 잘 해서 장애가 발생하지 않도록 대비해야 하고 서비스를 오픈할 때는 안정성에 집중하는 전략이 필요하다. 절대로 무리하게 진행해서는 안 되며 반드시 충분한 테스트와 검증을 거쳐야 한다. 물론 환경에 따라 무리할 수 밖에 없는 경우도 있겠지만 이런 경우라면 관리자나 현업에게 충분히 설명해서 상황을 인지시켜야 한다.

간단한 것이라도 꼭 여러 번 확인을 하고 최대한 많은 안전 장치를 두어야 한다. 혹시나 하는 문제가 발생하더라도 최소한의 시간으로 복구할 수 있는 절차도 두어 시스템 문제를 최소화해야 한다. 수비석인 업무는 최대한 보수적으로 접근하고 임해야 한다.

그리고 수비적인 업무를 담당하는 실무자는 시스템을 문제 없이 운영하는 것만으로도 충분히 자신의 할 일을 제대로 하고 있다고 인식되어야 한다. 업무에 따라서 시스템 장애의 위험 부담이 적거나 시스템 문제가 발생하더라도 업무에 큰 영향이 없는 것은 또 다른 문제이겠지만 빈번하게 사용되거나 시스템 문제 발생 시 업무에 큰 지장을 주는 업무라면 그 위험 크기에 따라 높게 평가 받아야 한다.

전산실 실무자는 어떤 유형의 업무를 담당하든지 최선을 다해 자신의 업무에 임해야 함과 동시에 자신이 담당하는 업무의 유형에 따라서 업무를 하는 것이 좋겠다. 자신이 하고 싶은 일만 할 수 없듯이 어떤 업무를 담당하더라도 그 업무의 특성에 맞게 시스템을 잘 운영하는 것이 전산실 시스템 운영 전문가의 책임이자 의무다.

지금 내가 하고 있는 일이 나중에 어떻게 쓰일지 보다 지금 내가 하고 있는 일을 어떤 태도로 하고 있느냐가 더 중요한 이유다. 업무는 상황에 따라 변할 수 있지만 업무 태도는 쉽게 변하지 않기 때문이다. 어떤 업무를 하더라도 담당하는 업무가 무엇인지를 잘 생각해 보고 그 업무의 특성에 따라 업무 태도를 가져야 한다. 공격이면 공격, 수비면 수비 어떤 위치에 있든지 어떤 업무를 담당하든지 업무 태도는 쉽게 달라지지 않아야 한다.

"지금 내가 하고 있는 일이 나중에 어떻게 쓰일 것인가를 생각하기보다 지금 내가 하고 있는 일을 어떠한 태도로 하고 있는지를 생각하자."

나의 직업관이다.

일보다 근태가 먼저다

"야근이 지각의 이유가 될 수는 없다"

IT 조직에는 야간 근무가 많다. 업종 특성상 야간에 작업을 많이 한다. 프로그램 개발부터 시작해서 서버, 네트워크 등의 장비 관련 업무와 정기 점검 등 시스템 사용자가 없거나 적은 시간대인 야간이나 휴일 시간을 많이 이용한다. 또 프로젝트나 솔루션 제품 개발 시에는 산출물이 중요하기 때문에 그 결과물을 만들어내기 위해 실무자들은 지속되는 야간 근무를 견뎌야 하고 주말도 제대로 보장받지 못하고 일을 해야 할 수 있다.

전산실에서 근무하는 실무자 역시 마찬가지이다. 근무 시간에는 시스템 개발보다 시스템 운영에 더 신경을 써야 하므로 시스템 개발을 위해 야근을 하는 경우가 많다. 장비 관련 정기 작업 업무도 휴일에 많이 이루어지며 주중에도 신데렐라 타임을 전후로 많은 작업들을 한다. 그래서인지 사람마다 차이는 있겠지만 IT에서 일을 하는 사람 대부분은 야근에 익숙해져 있다.

이런 이유 때문에 IT 업종은 다른 업종에 비해 출근 시간이 자유롭다. 주중에 밤 늦게까지 야간 작업을 하고 정시 출근하는 것이 쉽지 않기 때문이다. 게다가 주말에도 작업을 한다면 휴일을 보장받지 못한 탓에 주중에 반차나 대체 휴일로 보상을 받기 때문에 다른 업종보다 근태 변동이 심하다. 또한 365일 야간 당직이라는 것을 하게 된다면 더더욱 주중에 근태의 변동이 많을 것이다.

프로젝트나 솔루션 제품 개발은 업무 특성상 모든 직원이 정해진 출근 시간에 맞춰서 일을 하지 않아도 되기 때문에 대부분 출근 시간에 큰 의미를 두지는 않는다. 다만 혼자서 일하는 것은 아니기 때문에 정해진 출근 시간에서 크게 벗어나지 않도록 해야 하며 정해져 있지 않다고 하더라도 누구나 이해할 수 있는 시간까지는 출근을 해야 한다.

이렇게 프로젝트나 솔루션 제품 개발에 종사하는 실무자는 출근 시간에 대해 어느 정도 유연성을 가질 수 있지만 전산실에서 근무하는 실무자는 상황이 조금 다르다. 전산실은 현업과 함께 업무를 하는 조직이다. 주 업무가 시스템 운영이기 때문에 시스템 운영을 위한 기본적인 조건을 갖추고 있어야 한다. 이와 관련된 기본적인 조건 중에 하나가 바로 근태이다.

전산실에서 근무한다면 출근 시간을 철저히 지켜야 한다는 마음가짐을 가져야 한다. 전산실에서 운영하는 시스템은 전산실에서만 사용하는 것이 아니다. 전산실에서 근무하는 실무자는 현업과 고객들로부터 시스템 운영 관련으로 문의와 요청을 끊임없이 받는다. 현업 담당자가 전산실 실무자에게

급한 문의나 요청을 하려고 하는데 전산실 실무자가 출근 전이라고 하면 현업 담당자가 무슨 생각을 할지 한번 생각해 봐야 한다. 또 아침부터 시스템 장애가 발생하였는데 전산실 실무자가 아직 출근 전이라면 시스템 장애 조치가 늦어져 더 큰 일이 벌어질 수도 있다.

전산실 실무자라면 자기 자리를 잘 지키고 있어야 한다. 근무 시간에는 언제라도 현업 응대가 가능하도록 준비가 되어 있어야 한다. 또 장애 상황에 대해서도 즉각적인 조치를 취할 수 있어야 한다. 출근 시간 이전에 시스템 사용자의 불편함이 없도록 해야 한다. 어쩌면 전산실 실무자는 현업 담당자보다 더 일찍 출근을 해야 한다. 업무 시작 전에 장애가 발생했다면 시스템 사용자가 시스템 이용에 불편이 없도록 업무 시간 전에 조치가 이루어져야 한다.

야근이 많아서 어쩔 수 없이 지각을 하게 된다면 야근보다는 지각에 더 신경을 쓰는 것이 바람직하다. 지각은 습관이다. 야근이 지각의 이유가 될 수는 없다. 아무리 늦게까지 일하더라도 그것이 지각의 이유가 되어서는 안 된다. 그렇게 야근 때문에 한두 번 늦으면 나중에는 지각을 스스로 정당화 할 것이다.

야근을 많이 하면 지각을 해도 괜찮다는 생각을 하고 있다면 그 생각을 바꿔야 한다. 야근이 많다면 야근을 줄일 수 있는 방법을 찾는 것이 우선이고 업무 분장을 통해서 해결할 수 있도록 해야 한다. 전산실에서 근무한다면 프로젝트나 솔루션 제품 개발에서 일하는 것과는 다르다. 전산실에서는 결코 야근이 지각의 이유가 될 수 없다.

시스템 운영 전문가를 꿈꾸는 실무자라면 기본 중에 기본인 근태를 철저히 지켜야 한다. 근태는 성실의 척도이다. 시스템 운영 측면에서 볼 때 평소 근태가 좋다면 시스템 장애가 발생하더라도 조금이라도 더 빨리 조치할 수 있으므로 빠른 시간 안에 장애를 회복하거나 장애 시간을 줄일 수 있을 것이다.

꼭 퇴근이 빨라야 일찍 출근할 수 있는 건 아닐 것이다. 일이 있을 땐 야근도 많이 할 수 있다. 하지만 언제 퇴근을 하더라도 출근 시간은 제대로 지켜야 하는 것이 당연하다. 출근 시간은 동료와의 약속이기도 하다.

이제는 인식을 바꿔야 한다. 전산실에서 실무자로 근무한다면 다른 부서보다 더 일찍 출근해서 시스템의 이상 유무를 파악하고 있어야 한다. 특히 프로그램 개발 오픈 직후라면 더욱더 근태에 신경을 써야 한다. 시스템 이상 유무에 대해서 시스템 사용자보다 더 빨리 파악할 수 있어야 하고 문제 발생 시 즉각적인 조치가 이루어져야 한다.

시간 관리 - 빠른 출근 Yes, 지각 No

전산실 엔지니어

"IT 분야의 진정한 장인 - 그 이름 엔지니어"

전산실 실무자 중에는 업무 시스템을 운영하는 실무자 외에도 IT 인프라를 담당하는 엔지니어들이 있다. 이들은 시스템을 운영하는 실무자와 더불어 어느 전산실에서나 꼭 필요한 실무자이다. 전산실 규모에 따라서 특정 분야의 엔지니어가 없을 수도 있지만 보통 DB, 네트워크, 서버 관련 엔지니어가 각 기업의 전산실에서 근무한다.

엔지니어는 업종에 크게 구속 받지 않기 때문에 업종의 고유한 업무와 상관없이 어느 전산실에서든지 비슷한 업무를 할 수 있는 장점이 있다. 업종의 고유한 업무에 구속 받지 않는 것이 장점이라면 업무에 상관이 없기 때문에 시스템 운영에 대한 큰 성과를 특별히 내기가 쉽지 않다는 단점도 있다.

IT 인프라가 정상적으로 운영되는 것이 시스템 사용자 입장에서는 당연하다고 생각하기 때문에 인프라 관련 장애 시에는 큰 이슈가 되고 주목을 받게 된다. 인프라 지원을 정상적으로 하는 것이 엔지니어의 존재 이유이고 엔지니어의 할 일이지만 전산실에서 꼭 필요한 엔지니어 전문가가 될 수 있도록 노력해야 하겠다.

엔지니어는 위기의 순간에 빛이 난다. 위기가 발생했을 때 경쟁력 있는 엔지니어라는 것을 보여주는 기회로 삼을 수 있는 실무자가 되어야 한다. 전산실에서 근무하는 엔지니어라면 어떻게 해야 전산실에서 시스템 운영 전문가가 될 수 있는지 고민해 보도록 하자.

DB 엔지니어

전산실 실무자 중에 데이터베이스를 담당하는 엔지니어가 있다. DBA는 운영 중인 시스템의 DB 설계와 데이터 관리, 변경, 모니터링과 정기적인 작업을 통해 시스템이 안정적으로 운영될 수 있도록 해야 한다. DB 엔지니어의 경우 시스템 운영 실무자보다 야간 작업이나 주말 작업이 더 많다. 시스템 운영이 거의 없을 때나 아예 중단한 상태에서 해야 하는 작업이 있기 때문이다.

또한 DB 관련 시스템 장애가 발생하였을 경우에는 신속히 복구할 수 있도록 조치할 수 있는 자신만의 노하우를 가지고 있어야 하며 데이터 증가 및 SQL 중 시스템 성능을 저하시키는 쿼리 등을 지속적으로 튜닝하여 시스템 성능을 향상시킬 수 있어야 한다.

최근 데이터의 활용 범위가 넓어진 만큼 데이터를 관리하는 실질적인 책임자이자 실무자인 DBA는 데이터를 효과적으로 구축하고 관리하여 시스템을 최적화할 수 있어야 한다. 모든 업무는 데이터 중심으로 흘러간다고 봐도 될 만큼 데이터는 업무를 함에 있어 가장 기본적인 자료이다. 최근에는 데이터의 증가로 데이터베이스 시장도 성장하고 있다. DBA에게 필요한 업무를 꾸준히 익혀 전산실뿐만 아니라 어디서나 살아남을 수 있는 엔지니어가 될 수 있도록 노력해야 하겠다.

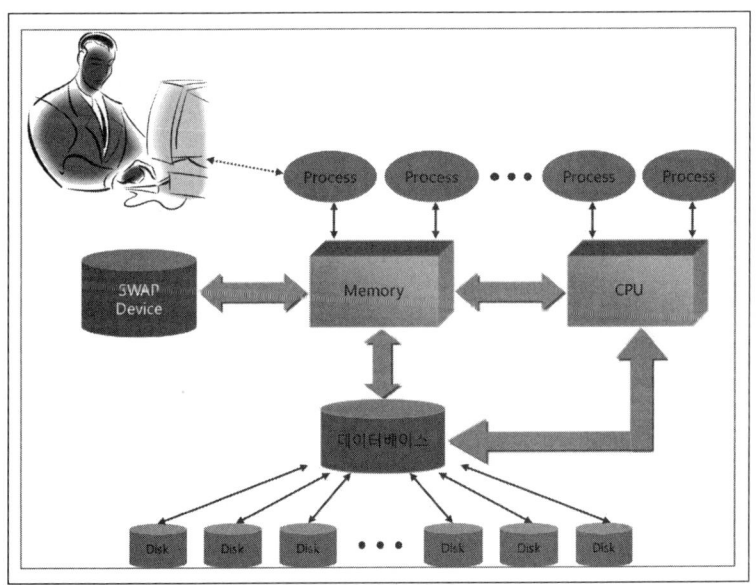

DB 엔지니어

네트워크 엔지니어

네트워크는 IT를 하기 위해 가장 먼저 설계되고 구축되어야 할 인프라이다. 대부분의 업무를 전산 시스템을 통해 처리하는 요즘, 네트워크가 구축되지 않고서는 어느 업무도 하기가 어렵다. 전산실에서 근무하는 네트워크 엔지니어는 외근 업무가 시스템 운영을 담당하는 실무자보다 많다. IDC(Internet Data Center)를 비롯하여 회사의 영업점 등 근무지가 추가 또는 이전될 경우 모두 네트워크 작업이 필요하기 때문이다. 또 근무지가 지방인 경우에는 출장 근무를 해야 하는 경우도 있다.

DBA와 마찬가지로 네트워크 엔지니어도 근무 시간이 주간이 아니라 야간이나 주말인 경우가 빈번하다. 필드를 뛰는 실무자이기에 다른 실무자에 비해 몸도 피곤하다. 하지만 네트워크 엔지니어로 일한다면 이 모든 것을 감내하는 전문가가 되어야 한다. 업무 범위를 전산실로 한정짓지 말고 끊임없이 자신의 실력을 향상시켜야 한다. IT 기술의 변화가 빠른 만큼 네트워크 엔지니어는 그 기술의 변화에 따라갈 수 있도록 항상 노력해야 한다.

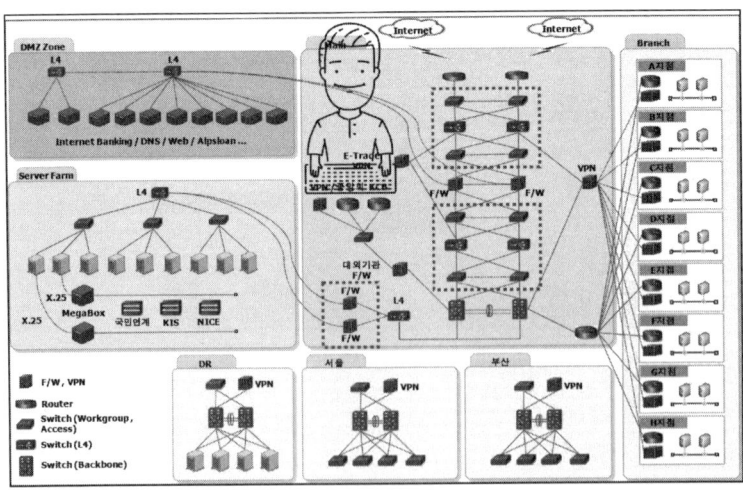

네트워크 엔지니어

서버 엔지니어

전산실의 서버 엔지니어는 회사에서 운영 중인 대부분의 서버를 운영하는 업무를 한다. 서버 장비를 도입하고 설치하고 서비스 환경을 구축하는 등 네트워크 엔지니어와 더불어 기본적으로 구축되어야 할 인프라를 담당한다. 서버 엔지니어 또한 서버 작업을 위한 야간 근무와 주말 근무가 많다. 서버들이 모여 있는 IDC(Internet Data Center)라고 하는 곳에서 근무할 수도 있다.

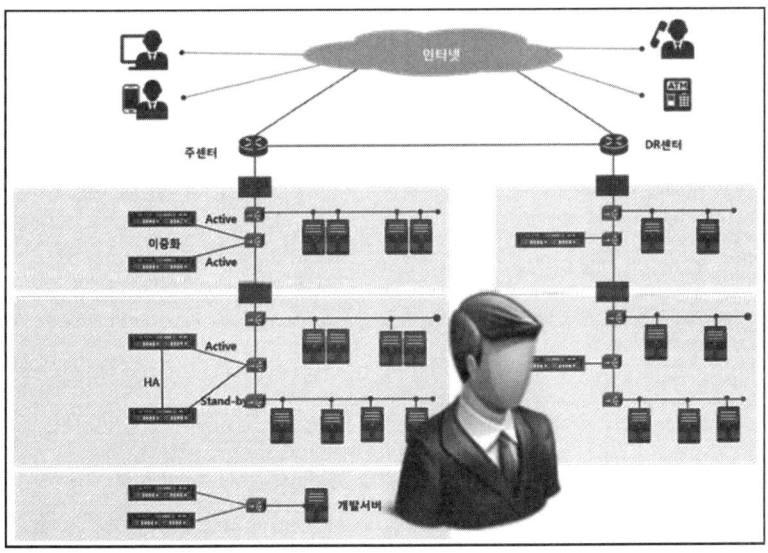

서버 엔지니어

서버 엔지니어는 엔지니어 중 장애에 가장 민감해야 한다. 왜냐하면 서버가 처리할 수 있는 한계가 있기 때문이다. 즉, 서버 용량, 메모리 용량, CPU 처리 속도 등이 장비의 상태나 구성에 따라 많이 좌우되기 때문이다. 그래서 항상 모니터링을 해야 하고 장애가 예상되면 사전에 조치를 할 수 있어야 한다.

서버의 경우 구입해서 구성할 때와 달리 시간이 지나면서 시스템의 사용량은 꾸준히 증가하기 때문에 주기적인 관리가 필요하다. 또한 안정적인 시스템 운영을 위해서 주기적인 시스템 리셋 작업도 필요하다. PC도 오랫동안 켜놓고 있으면 메모리 부족 등의 문제가 발생하는 것처럼 서버 또한 정기적인 리셋 작업을 통해서 시스템 장애에 미리 대비해야 하겠다.

서버 엔지니어 또한 자신의 업무를 전산실에만 한정하지 말고 자신의 실력을 갈고 닦아야 한다. 전문성을 갖춰 자신의 분야에서 최고의 시스템 운영 전문가가 될 수 있도록 하여야겠다.

엔지니어가 힘든 점은 아마도 야간 근무나 주말 근무가 많다는 것이다. 그리고 장애 같은 긴급 상황이 발생했을 때 받는 스트레스가 크다. 하지만 누가 알아주지 않더라도 자신의 위치에서 묵묵히 할 일을 하는 엔지니어는 전산실에서 꼭 필요한 시스템 운영 전문가이다.

엔지니어는 전산실의 다른 실무자보다 업무면에서는 확실한 차별화를 가지고 있다. 업무를 담당하는 실무자는 업무의 난이도에 차이는 있겠지만 어떤 업무이든 업무 분장을 통해서 업무를 바꿀 수 있다. 하지만 엔지니어는 업무 분장을 통해서 업무를 바꿀 수 있는 분야가 아니기 때문에 업무의 연속성이 다른 업무 담당자보다 길고 해당 업무에 대해 많은 노하우를 쌓을 수 있다.

DB, 네크워크, 서버와 그밖에 선택한 엔지니어의 길이 있다면 그 길을 꾸준히 걸어가면서 자신의 가치를 높여서 해당 분야에 특화된 시스템 운영 전문가가 될 수 있도록 노력해야 하겠다.

1인 기업가 - SM(System Maintenance)

"내 이름이 곧 1인 기업이다"

전산실에 근무하는 직원 중에는 회사의 정규 직원 외에 다른 직원들이 있다. 보통 SM(System Maintenance)이라고 하는 이들은 회사 소속은 다르지만 전산실에서 운영하는 시스템을 유지보수하는 파견 직원일 수도 있고 일정 기간을 계약하고 근무하는 프리랜서일 수도 있다.

이런 SM으로 근무하는 경우는 크게 세 가지가 있다.

가장 흔히는 전산실에서 운영하는 시스템의 안정화 및 유지보수를 위해서 인력 파견 업체와 계약하고 프리랜서로 근무하는 경우가 있다.

두 번째로는 전산실에서 진행한 프로젝트 종료 후 안정화를 위해서 프로젝트를 수행한 회사의 직원을 일정 기간 파견 형식으로 계약하고 근무하는 경우도 있다.

세 번째로는 프리랜서가 프로젝트 수행사와 일정 기간 계약을 하고 프로젝트 종료 후 안정화를 위해 전산실에서 근무하는 경우가 있다.

어떻게 근무를 하게 되든 SM은 전산실에서 자신이 담당하는 시스템의 안정화를 위해서 일하게 된다. 정규 직원에 비해 소속감은 약하겠지만 소속감과 상관없이 자신이 담당하는 일에 대해서 적극적이고 능동적으로 자신의 일을 찾아서 하는 사람이 있는 반면 소극적이고 수동적으로 부여 받은 일만 하는 사람이 있다.

이는 직원이냐 아니냐의 문제가 아니다. 직원이기 때문에 할 수 있고 직원이 아니기 때문에 할 수 없는 일이 아니라 마음가짐의 문제이다. 마음가짐에 따라 향후 자신의 몸값과 평판 등 커리어를 쌓는데 분명히 영향을 받는다.

직원은 아니지만 직원처럼 일을 할 수 있어야 하고 자신이 하는 일에 책임지는 자세를 가져야 한다. 직원보다 더 적극적으로 업무에 임하여 자신의 가치와 존재감을 높여야 한다. 비록 직원이 아니고 계약 기간이 있더라도 그 시간만큼은 일이나 근무 태도에 부족함이 없어야 한다. 적당히 일하고 나갈 생각으로 근무한다면 당장은 편할지 모르지만 자신의 몸값을 올리거나 경력을 쌓기는 쉽지 않을 것이다.

많은 업무를 익혀 계속해서 자신이 꼭 필요한 존재로 만들어야 한다. 계속 근무하지 않더라도 이는 태도의 문제이기 때문에 항상 변함없는 마음가짐으로 근무하여 자신의 능력을 지속적으로 향상시킬 수 있어야 한다.

특히 프리랜서로 전산실에서 일을 하게 된다면 평판에도 신경을 써야 한다. 실제로 전산실에서 프리랜서와 계약을 할 때 업무 능력과 함께 그 사람의 태도와 평판을 중요하게 생각한다. 그리고 평판은 신기하게도 거의 대부분 맞다. 나이가 들수록 평판은 더더욱 중요하다. 프리랜서를 계속한다면 연차가 쌓일수록 계약 단가가 올라간다. 계약 단가가 실력과는 크게 상관없지만 계약 단가는 높은데 능력과 평판이 좋지 않다면 어디서든 계약하기가 쉽지 않을 것이다.

Me, Inc.
CEO | KO JAE IL

나 주식회사(Me, Inc. CEO)

전산실에서 근무하다 보면 많은 프리랜서 SM을 만난다. 계약 기간이 정해져 있지만 계약 기간을 다 채우지 못하고 떠나는 경우도 있고 매년 계약을 갱신하는 경우도 있다. 계약 기간을 다 채우지 못하는 경우에는 여러 이유가 있겠지만 적어도 자신의 의지가 아니라면 한번쯤 생각해 볼 일이다. 나의 태도, 평판, 실력 등 내가 근무하는 회사에서 요구하는 역할을 잘 했는지 말이다. 또 매년 계약을 갱신하는 경우에는 초심을 잃지 말고 꾸준히 자신의 존재감을 드러내야 한다.

프리랜서는 자신의 이름이 곧 1인 기업이다. 나 주식회사(Me Inc.)의 CEO이다. 자신을 찾아 주는 곳이 많아야 몸값을 올릴 수 있다. 여기가 아니어도 갈 곳이 많다고 하는 프리랜서가 있다. 그리고 항상 근무하기 좋았던 때만 생각하고 그런 곳을 다시 찾을 수 있을 거라 생각한다.

그러나 미래는 누구도 알 수 없다. 지금 근무하는 곳보다 좋을지 나쁠지는 알 수 없다. 근무하기 좋은 곳만 찾아 다닐 수 있는 확률은 많지 않다. 또한 프로젝트가 아닌 이상 근무지가 자주 바뀐다면 채용하는 기업에서도 자주 바뀐 이유에 대해 생각해 볼 것이다. 이직이 많은 것에는 분명히 이유가 있다.

지금 근무하는 곳에서 항상 최선을 다해야 한다. 그곳에서 자신의 가치를 높여야 한다. 때로는 SM으로 근무하다가 직원으로 채용되는 경우도 있다. 선택 여부는 본인이 하겠지만 채용을 하겠다고 하는 것 자체만으로 본인의 가치가 높아졌다고 볼 수 있다. SM이라면 퍼스널 브랜드(Personal Brand) 가치를 높이자. 내 이름이 곧 1인 기업이다.

SM이라면 1인 기업가 정신을 가져야 한다. 나는 하나의 기업이라는 생각으로 내 이름을 잘 팔아야 한다. SM도 시스템 운영 전문가라는 목표를 가지고 어디서나 자신의 존재 가치를 높여야 한다. SM의 장점은 자신의 능력에 따라 높은 몸값을 받을 수 있다는 것이다. 몸값을 높이기 위해서라도 본인의 퍼스널 브랜드 가치를 높여야 한다.

자기 계발은 자기 관리로부터 시작된다

"자기 계발이란 〈어제의 나〉보다 더 나은 〈오늘의 나〉를
만드는 끊임없는 과정이다"

전산실 실무자의 주 업무는 자신이 담당하는 시스템을 개발하고 운영하는 것이다. 시스템을 최초로 구축한 이후에 사용자의 변경 요청이나 추가 요청이 오면 그에 맞춰 시스템을 다시 개발하고 운영하는 반복적인 과정을 시스템 운영이라고 정의할 수 있다.

시스템 운영은 사용자의 편의와 업무 활용을 위해 끊임없이 발전시켜 나가는 과정이기 때문에 멈춤이 없다. 멈춰버린 시스템은 사용자가 없어 변경이나 추가가 필요 없기 때문에 발전 가능성이 없다. 시스템이 발전하기 위해서는 끊임없이 변화하고 새로워져야 한다.

전산실 실무자가 자기 계발을 하는 것은 시스템을 운영하는 것과 마찬가지이다. 처음 구축된 시스템이 끊임없이 변경되고 새로워지는 것처럼 실무자 또한 자신의 능력을 끊임없이 발전시켜 변화하여야 한다. 자기 계발은 이렇게 〈어제의 나〉에서 끊임없이 발전시켜 나가 어제보다 더 발전된 〈오늘의 나〉가 되는 과정이다. 시스템을 잘 관리하면 시스템이 안정적으로 운영되는 것처럼 자기 자신을 잘 관리하면 자기 계발을 할 수 있는 것이다.

자기 계발은 무엇을 하더라도 멈춤이 없어야 한다. 멈추지 않고 꾸준히 자기 자신을 발전시켜 나가는 것이 진정한 자기 계발이다. 그럼 어떤 자기 계발을 해야 하고 그 이유가 무엇인지 한번 생각해 볼 필요가 있다. 또 자기 계발을 통해 내가 얻고자 하는 것은 무엇이고 이 계발을 한다면 언제 어떻게 써 먹을 수 있는지도 고민해 볼 필요가 있다. 많은 종류의 자기 계발 중 대표적인 자기 계발인 자격증 취득, 외국어, 독서에 대해 이야기해 보려 한다.

자기 계발 - 멈춤 없이 행동하기

자격증 취득을 통한 자기 계발

자격증 취득을 통한 자기 계발은 크게 IT 관련 자격증을 취득하는 경우와 IT와 관련이 없는 자격증을 취득하는 경우로 구분할 수 있다.

먼저 전산실에서 실무자로 근무하는 많은 사람이 하는 자기 계발 방법 중 하나는 바로 IT 관련 자격증 취득이다. IT 업계의 최고 자격증인 기술사부터 수많은 IT 관련 자격증이 있다. 자격증의 난이도에 따라 준비하는 과정과 시간도 다르기 때문에 무엇이 좋고 반드시 필요한 자격증이라고 말할 수 있는 자격증은 없다. 따라서 어떤 자격증이든 취득을 하기 전에는 꼭 자신에게 필요한 자격증인지도 고민해 볼 필요가 있다.

요즘 트렌드라고 해서 누가 준비한다고 해서 나도 준비하는 것은 바람직하지 않다. 자격증 취득을 통해 업무에 당장 도움이 되거나 미래에 반드시 도움이 될 거라는 생각으로 자격증을 취득하는 것은 옳지 않다. 이직을 하든 인사 평가가 이루어지는 자격증 자제가 어떤 결정적인 평가 요소가 되지는 않기 때문이다.

하지만 자격증을 준비하는 동안 IT 지식의 폭을 넓히는 차원에서, 취득하면 IT와 관련된 여러 분야의 사람들과 원활한 의사소통이 가능하기 때문에, 자신의 부족한 실력을 발전시키기 위한 목적이라면 자격증 준비는 자격증의 취득 여부를 떠나 자기 계발을 할 수 있는 방법이 될 수 있다.

IT 관련 자격증 중 기술사는 업계 최고의 자격증이다. 많은 사람들이 이 자격증에 도전하지만 극소수의 사람만이 보통 몇 년에 걸쳐 취득한다. 따라서 도전하기 전에 자신에게 정말 필요한 자격증인지 꼭 취득을 해야 하는 것인지 많은 고민을 해야 한다.

기술사 자격증은 취득하기도 어렵지만 준비하는 과정 중 버려야 할 것들과 포기해야 할 것들이 너무나 많다고 한다. 준비하다가 포기하면 그만큼 시간과 비용에 손해를 보는 것이고 또 취득한다고 해서 바로 인생이 바뀌거나 달라지는 건 아니다. 그렇다고 미래가 반드시 보장된다고도 할 수 없다. 기술사 자격증 도전은 신중에 신중을 기해야 할 것이다.

그 밖에 많은 IT 관련 자격증에 대한 도전 또한 마찬가지이다. 자격증이 남들보다 몇 개 더 있다고 업무 능력이 좋다고 평가 받거나 특별한 대우를 받는 경우는 많지 않다. 오히려 자격증 취득을 위해 업무를 소홀히 할 수 있는 부분을 경계해야 한다. 자격증 취득은 보통 개인적인 자기 계발이기 때문에 IT 관련 자격증을 취득한다고 해서 회사에서 업무를 소홀히 해서는 안 된다. 회사 정책상 필수로 취득해야 하는 경우라도 업무에는 크게 지장이 없도록 하는 것이 옳은 행동이다.

또 IT와 관련이 없는 자격증을 취득하는 경우가 있다. IT와 관련 없는 자격증을 취득하는 경우에는 보통 회사의 정책상 각 기업의 업종과 관련된 자격증을 취득해야 하는 경우와 업무와 관련된 자격증을 취득하는 경우가 있다.

나의 의지와 상관없이 각 기업의 업종과 관련된 자격증을 취득해야 한다. 예를 들어 금융권 전산실에 종사한다면 금융 관련 기본 자격증을 취득해야 한다. 이 경우는 전산실에 근무하더라도 기본적인 금융 지식을 갖추는 측면에서 필요하다고 할 수 있다. 그리고 여기서 더 나아가 본인 스스로 업무와 관련된 자격증을 취득하면 업무를 함에 있어 많은 도움이 된다고 확신한다. 전산실에서 업무를 하다 보면 사실 IT 관련해서 모르는 일보다 업무를 몰라서 일이 안 되는 경우가 시간이 갈수록 많아진다.

IT 분야가 아닌 업무를 빨리 제대로 배우는 방법 중 하나가 바로 업무 관련 자격증 취득이다. 경험상으로는 IT 관련 자격증을 취득하는 것보다 업무 관련 자격증을 취득하는 것이 실질적으로 업무 처리에 더 도움이 되었다. 예를 들어 금융권에서 회계 업무를 한다면 회계 관련 자격증이 있고 수신과 여신 또한 각각 관련된 자격증이 있다. 이런 업무 관련 자격증 취득을 통해 기본을 익힐 수 있고 현업의 일을 이해할 수 있다. 시스템 운영 전문가는 IT 기술력뿐만 아니라 상대방의 비즈니스도 이해할 수 있어야 한다. 비즈니스에 대한 이해를 위해 업무 관련 자격증 취득을 시도할 수 있다.

어떤 종류의 자격증이라도 취득 목적이 분명해야 한다. 자격증을 통해 내가 무엇을 계발하고 얻을 수 있는지 고민해 봐야 한다. 많은 자격증을 가지고 있다고 업무를 잘 하는 것도 아니고 미래가 반드시 보장되는 것도 아니다. 자격증을 취득하려는 목적과 의미를 분명히 해서 취득 후에는 어제보다 발전된 오늘의 내가 되어 있어야 한다.

외국어 능력 향상을 통한 자기 계발

외국어 공부 또한 자기 계발의 한 부분이라고 할 수 있다. 전산실에서 가장 많이 공부하는 외국어는 영어인 거 같다. 하지만 공부하는 목적은 각자 다르다. 크게 분류하자면 토익 등 시험을 위한 목적과 회화를 위한 목적으로 구분할 수 있다. 시험을 준비하든 회화를 준비하든 외국어를 하는 이유가 전산실에서 하는 업무와는 대부분 크게 관련이 없을 거 같다.

사실 전산실에서 외국어 능력을 필요로 하는 곳은 많지 않다. 외국계 기업과 그 밖에 외국어 능력이 회사 정책상 반드시 해야 하는 경우 외에는 외국어 능력이 업무에 특별히 필요하지 않기 때문이다.

따라서 외국어를 통해 자기 계발을 한다면 왜 하는지 무엇을 위해서 하는지 고민해 봐야 한다. 지금 나에게 당장 필요한 것인지 언제 어떻게 써먹을 것인지를 분명히 해야 한다. 외국어는 단시간에 실력이 향상되지 않기 때문에 준비하는 과정 또한 쉽지 않다. 그래서 외국어 공부를 시작하는 사람은 많지만 꾸준히 하는 사람은 많지 않다.

외국어를 잘하면 좋다는 것은 누구나 다 안다. 누구나 잘하고 싶고 많은 사람들이 준비한다. 어떤 자기 계발이라도 다 마찬가지이겠지만 외국어를 통한 자기 계발 또한 목적을 분명히 해서 준비하여야 하고 준비하겠다고 마음을 먹었다면 흔들림 없이 밀고 나아가 내가 원하는 것을 이룰 수 있어야 한다. 외국어를 통한 자기 계발은 가장 많이 준비하면서도 가장 많이 중단하는 자기 계발인 거 같다. 외국어를 통해 자기 계발을 하겠다면 꾸준히 할 수 있는 독한 마음을 가져야 한다.

나 또한 수년 동안 외국어를 통한 자기 계발을 했지만 꾸준히 하지 못해 포기했다. 물론 공부를 통해 배운 점도 있지만 내가 외국어 공부를 시작하면서 가졌던 목표를 이루지 못한 것은 끝내 아쉬움으로 남아 있다. 이왕 시작했다면 좀 더 열심히 그리고 꾸준히 했으면 좋았을 거라는 후회가 남은 자기 계발이었다.

독서를 통한 자기 계발

결과물만 놓고 본다면 독서는 그 결과가 가장 눈에 보이지 않는 자기 계발이다. 자격증을 통한 자기 계발은 자격증이라는 결과물이 있고 외국어 또한 시험 점수나 회화 능력 향상 등을 통해서 결과물을 어느 정도 확인할 수 있다. 그 밖에 교육 등을 통해서는 수료증, 진학을 한다면 졸업장 등의 눈에 보이는 결과물이 있지만 독서는 딱히 자기 계발의 결과로 무엇을 보여주기가 힘들다. 또한 독서는 자기 계발의 측면보다는 보통 취미 정도로 많이 생각한다.

하지만 독서를 취미가 아니라 자기 계발의 측면에서 접근한다면 독서를 하는 방법이 달라지고 실질적인 자기 계발이 된다는 것을 알 수 있다. 독서를 통해 자기 계발을 할 수 있는 방법은 다양하다.

가장 **빠른** 효과를 보는 방법 중 하나는 관련 업무에 대한 독서를 최소한 10권 이상 해 보는 것이다. 만약 금융권 전산실에서 근무를 하고 있다면 금융에 관련된 독서를 하는 것이다. 거기에 내가 담당하는 업무와 관련된 책이라면 더 좋을 것이다. 관련 독서를 통해서 업무의 폭을 넓히는 것은 시스템 운영 전문가가 되기 위한 지름길이라고도 할 수 있다. 이렇게 업무 관련 분야나 자신이 관심 있는 분야에 대해서 최소한 10권 이상 독서를 하면 분명히 그 속에서 많은 것을 얻을 수 있을 것이다.

독서를 통한 자기 계발로 얻을 수 있는 또 다른 이점은 자기 자신에 대한 변화이다. 많은 책 중에서 가장 흔한 책이 바로 자기 계발서이다. 자기 계발서를 쓰는 사람도 다양하며 다양한 종류의 환경에 따라 여러 종류의 책들을 발견할 수 있다. 가끔은 자기 계발서를 읽다 보면 내 상황과 똑같은 책도 발견할 수 있다. '아 나와 같은 생각을 하는구나, 아 나와 같은 상황에 처해 있었구나' 하는 책들이 있다.

이렇게 자기 계발서를 통해 공감을 하고 조언을 얻게 된다. 그것을 통해서 내가 해야 할 일들을 찾기도 하고 어떤 결정을 내리기도 한다. 꼭 자기 계발서가 아니더라도 여러 종류의 책들을 통해서 내 자신의 변화를 가져올 수 있고 나 자신을 관리할 수 있게 된다.

서점이나 도서관에 가면 독서와 관련된 책들이 많다. 각 저자마다 독서의 이점에 대해 많은 이야기를 한다. 어떤 이점이든 최종 결론은 자기 자신의 변화이다. 내 자신을 되돌아보고 관리하여 변화하는 것이 독서를 통한 자기 계발이다. 독서를 통해서 생각을 하게 되고 생각을 통해서 변화하게 되는 것이다.

한두 권으로는 변화하기 힘들다. 왜냐하면 아무리 생각이 바뀌어도 행동이 따라주지 않기 때문이다. 독서를 통한 진정한 자기 계발이 되려면 생각이 바뀌고 그 바뀐 생각이 행동으로 이어져야 한다. 행동이 되어야 하고 그 행동이 습관이 되어야 한다. 습관이 될 때까지 독서는 꾸준히 계속 되어야 하는 것이고 그것이 진정한 자기 계발이다. 자신에게서 발전시킬 수 있는 것을 끊임없이 찾아내 만들어 가는 과정이 독서를 통한 자기 계발이기 때문이다.

그 밖에 많은 종류의 자기 계발이 있고 어느 종류의 자기 계발을 하든지 그건 개개인의 자유이겠지만 약점을 보완하는 자기 계발보다는 강점을 강화하는 자기 계발이 더 효과적이다. 또 강점을 강화하면 자신을 남과 확실히 차별화할 수 있다.

강점에 올인하라는 말이 있다. 자신이 가장 잘하는 것에 집중하여 그것을 끊임없이 계발하는 것이 더 효율적인 자기 계발이라고 할 수 있다. 약점에 대한 자기 계발이 약점 보완이라면 강점에 대한 자기 계발은 발전이라고 볼 수 있다.

약점을 보완해 중간 정도 되는 수준이 되는 것이 어쩌면 강점을 강화하는 것보다 쉬울 수 있고 더 큰 보람을 느낄 수도 있다. 하지만 중간 이상이 되려면 시간이 오래 걸리고 힘도 많이 들어갈 것이다. 자기 계발을 하는 많은 사람들이 약점을 보완하는 데 더 많은 시간과 비용을 투자한다. 부족한 점을 채우는 것도 당연히 해야 할 자기 계발이지만 강점에 대한 자기 계발도 한번 생각해 볼 필요가 있다.

어떤 자기 계발을 하든지 어느 정도 수준이 되면 대부분 익숙해져서 자기 계발을 중단하거나 더 큰 발전을 생각하지 않는 경우가 많다. 또 어떤 자기 계발을 하느냐 보다는 왜 하는지가 더 중요하고 자기 계발을 통해 얻고자 하는 것이 무엇인지를 정확하게 하는 것이 더 중요하다. 어떤 종류이든 꼭 반드시 해야만 하는 자기 계발이란 없기 때문이다. 어떤 자기 계발을 하든지 자기 계발의 종류보다 자기 계발에 임하는 자세를 더 생각해야 한다. 자기 계발을 하는 과정 중에서 분명히 달라진 자기 자신을 발견할 수 있다면 어떤 종류의 자기 계발을 하든지 크게 상관이 없다.

진정한 자기 계발은 자기 관리로부터 시작된다. 아무리 좋은 자기 계발이라 할지라도 자기 관리가 되지 않으면 자기 계발이 될 리 없다. 자기 계발을 하는 과정 중에서 자기 계발을 방해하는 여러 요소들을 물리치고 관리할 수 있어야 한다. 어떤 자기 계발을 통해 이룬 성과물보다 그 과정 중에서 나온 내 삶의 진정한 변화가 진정한 자기 계발이다.

전산실 실무자에게 어떤 자기 계발을 하라고 어떤 자기 계발을 해야 한다고 자신 있게 말할 수는 없다. 하지만 자기 계발을 위한 자기 관리를 먼저 해야 한다고는 말할 수 있다. 자기 계발을 잘 하고 싶다면 자기 관리부터 잘 해야 한다. 자기 관리가 잘 된 사람은 어떤 자기 계발을 하든지 잘 할 것이라고 확신한다. 시스템 운영 전문가는 자기 관리가 잘 된 사람이다. 자기 관리가 잘 되는 사람은 어떤 자기 계발을 하든지 잘 할 수 있을 거라 확신한다.

Fighting!

어떤 자기 계발을 하든지 파이팅!

이직은 자기 발전의 기회로

> "이직은 능력이다.
> 능력이 있어야 이직도 할 수 있다.
> 이직을 자기 발전의 기회로 삼아라"

평생 직장이 없다는 건 이제 상식이 되었다. 요즘 직장 생활을 하는 사람 중에 이직을 한번도 생각해 보지 않은 사람이 있을까? 누구나 한번쯤은 이직을 꿈꾼다. 지금 있는 이곳보다 더 나은 조건과 환경을 꿈꾸는 것은 직장 생활 중 어찌 보면 당연한 일이다.

이유는 여러 가지가 있겠지만 IT 분야는 타 업종보다 이직률이 높은 편이다. 전산실도 마찬가지이다. 그리고 관리자보다는 실무자의 이직률이 높다. 보통 신입 사원을 지나고 나서 관리자가 되기 전까지의 실무자가 가장 많은 이직을 하는 거 같다. 사실 이 때가 이직하기에 가장 좋은 때는 맞다.

만약 이직을 생각하고 있는 실무자라면 자신이 무엇 때문에 이직을 하는지 한번 생각해 보자. 이직의 이유는 다양하다. 연봉, 안정성, 미래, 직장 상사와의 불편한 관계, 저평가, 승진 누락, 조직/업무 불만, 많은 근무 시간, 조직 문화 등 제 각각이다.

이직을 결심하고 이직을 하였다면 절대로 하지 말아야 할 것이 후회다. 반대로 말하면 이직은 후회가 없을 때 해야 하는 것이다. 어디를 가든지 조직 생활이다. 조직 생활이 아니라면 상관이 없겠지만 조직 생활은 어디든 비슷하다. 꿈의 직장이라고 하는 곳도 조직이고 그곳에도 그곳 나름대로의 불만이 있을 것이다. 이직을 하기 전에 이직의 사유를 명확히 하여 이직 후 후회가 없도록 해야 한다.

후회 없는 이직을 하자

이직 사유 - 연봉

이직 사유 중 가장 크게 작용하는 것이 연봉일 것이다. 몸값을 통해 자신의 가치를 인정받는 것이기 때문에 몸값을 높이기 위한 노력은 직장인이라면 당연히 해야 할 일이다. 대부분 지금 받는 급여보다 더 높은 급여를 받는다면 이직을 고려한다. 하지만 그 폭이 별로 차이가 없다면 연봉만 보고 판단해서는 후회를 할 수도 있다. 보통 이직을 하면 이전 직장보다는 많은 급여를 받게 된다. 특별한 이유가 없지 않고서는 낮은 급여를 받고 이직을 할 이유가 없기 때문이다. 연봉이 객관적인 이직 기준인 것은 맞지만 당장 크게 차이가 없다면 연봉 외의 판단 기준도 고려해 봐야 한다. 연봉이 높으면 높은 만큼 기대치와 책임이 따르는 만큼 입사 후의 플랜도 생각해 봐야 한다. 연봉만 생각해서 이직을 했다가 후회를 할 수도 있기 때문이다.

이직 사유 - 직업 안정성

이직의 이유 중 연봉 다음으로는 직업의 안정성을 많이 생각한다. 이 부분이 확실히 보장만 된다면 연봉을 낮춰서라도 이직을 하기도 한다. 하지만 직업의 안정성을 보장하는 기업은 많지 않다. 직원의 안전성을 정년 보장으로 본다면 공무원이 되거나 공사나 공단 등 공공기관과 같은 곳이 대상이 되지만 공무원은 치열한 경쟁력을 뚫고 시험에 합격해야 하고 공사나 공단 등의 공공기관으로 이직하는 것은 일반 기업으로 이직하는 것보다 몇 배나 더 어렵다. 설사 이직을 하게 되더라도 연봉이 지금보다 낮을 수 있기 때문에 많은 고민이 필요하다.

또 안정성이 항상 좋다고는 볼 수 없다. 안정성 추구의 반대 급부로 포기해야 할 것들이 있고, 발전 가능성에 대해서도 함께 고민해 볼 필요가 있다. 단순히 직장을 오래 다니는 것이 먼 훗날에 과연 보장되는지도 생각해 보고 현재 다니고 있는 일반 직장에서도 그럴 가능성이 전혀 없다고 단정할 수도 없기 때문이다. 고용 불안과 빨라지는 퇴직 연령에 안정성을 생각하지 않기가 힘들지만 긴 인생에서 안정성을 쫓아 몸을 웅크리기보다는 드넓은 정글에서 뛰어다니는 사자처럼 살아남는 법을 배우는 것도 좋은 방법이다.

이직 사유 - 불확실한 미래

또 다른 이직의 큰 이유로 불확실한 미래를 생각할 수 있다. 크게는 회사의 미래부터 조직의 미래까지, 또 그 조직에서 자신의 위치를 생각하여 이직을 결심한다. 이 부분은 누구도 확실하게 보장해 준다고 자신 있게 말할 수 없다. 연봉이나 안정성과는 또 다른 문제이기 때문에 많은 고민과 생각이 필요하다.

한 가지 확실한 것은 어디를 가나 미래는 당연히 불확실하다는 점이다. 그 불확실한 미래는 자신이 만들어 가는 것이다. 누구도 미래를 확실히 보장해 줄 수 없다. 주변이 바뀌지 않는다면 내가 바뀌는 것도 한 방법이다. 미래는 누가 만들어주는 것이 아니라 내가 만들어 가는 것이다.

물론 이직이 자신의 현재 위치의 불확실한 미래를 확실하게 만들어가는 과정이라고 볼 수도 있다. 고용 형태 등의 불안과 임금 체불 등 누가 봐도 불확실한 여건이라면 이직을 통해 미래를 바꾸는 건 옳은 결정이다. 하지만 당장 조직에서 자신의 미래가 불확실한 것이 아니라면 지금 있는 자리에서 자신의 위치를 굳건하게 만들어가는 것도 좋은 방법이다. 불확실한 미래는 어디서나 마찬가지일 것이다. 어디에 있냐보다 어디서든 어떤 마음가짐으로 있느냐가 더 중요할 수 있다.

이런 이유로 이직을 고민하고 있다면 일단은 자신의 자리에서 먼저 만들어 가는 생각부터 해 보고 그래도 안되면 이직을 고려하는 것이 더 좋은 방법이라고 생각한다.

이직 사유 - 불만

불만이 꼭 나쁜 것만은 아니다. 불만을 통해 더 발전할 수 있기 때문이다. 그리고 어느 곳에서 직장 생활을 하더라도 불만이 없을 수는 없다. 사소한 것부터 시작해서 많은 불만들이 조직 내에 존재한다. 직장 상사와 불편한 관계, 저평가, 승진 누락, 조직/업무 불만, 많은 근무 시간, 조직 문화 등 수많은 불만들이 있고 이런 이유로 이직을 하기도 한다. 마치 다른 곳으로 간다면 이런 불만들은 없을 거 같은 생각을 한다.

하지만 어디를 가든지 이런 불만들이 처음에는 보이지 않아서 이직을 잘했다고 생각할 수 있다. 그러나 불만들은 시간이 지나야 알 수 있는 부분으로 쉽게 낙관해서는 안 된다. 조직에서 이런 이유로 떠나는 사람들을 보면 한편으로는 안타까운 마음이 든다. 그 마음을 다 알 수는 없겠지만 불만이 있더라도 그런 이유보다는 긍정적인 이유로 이직을 하는 것이 자신을 위해서 좋다.

그 밖에 여러 가지 사유로 이직을 하겠지만 어떤 사유이든 이직은 자기 발전의 기회로 삼아야 한다. 이직을 잘 하기 위해서 가장 중요한 건 현재 직장에서 최고의 전문가가 되는 것이다. 마치 프로야구 선수가 FA가 되어 대박을 터뜨리는 것처럼 우리들의 이직도 이처럼 대박을 터뜨려야 한다. 프로야구 선수도 이전 팀에서의 성적이 중요하듯이 우리도 이전 직장에서의 커리어가 중요하다. 이직하는 직장에서도 가장 중요하게 보는 것이 직전 직장에서 담당했던 업무이다. 기존 업무에 얼마나 전문성이 있느냐가 이직의 가장 중요한 요소이다.

이직을 준비하고 있지 않더라도 능력이 있는 사람은 헤드 헌터를 통해서나 지인을 통해서 이직을 권유받을 수 있다. 자신의 의지와는 상관없지만 이직을 준비하는 사람들보다 더 높은 몸값을 받을 확률이 높다. 이런 것이 가능한 이유는 자신의 현재 위치에서 최선을 다해서 최고의 전문가가 되었기 때문에 주변에서 인정해 주는 것이다.

전산실에서 이직은 30대가 많다. 30대 초중반이 가장 많고 후반도 간혹 있다. 20대 후반은 경력 면에서 이직보다는 다시 신입으로 가는 경우가 많고, 40대부터는 관리자이기 때문에 이직하기가 쉽지 않다. 하지만 능력 있는 사람은 나이가 문제되지 않는다. 어떻게 보면 나이가 들어도 이직을 할 수 있다는 것은 그만큼 능력이 있다는 것으로 간주될 수 있다. 그리고 실무자 때보다 더 높은 몸값을 받는다.

이직은 이렇게 능력을 인정받아서 해야 한다. 나이가 들어도 자신의 능력을 인정받아 옮길 수 있어야 한다. IT 업계는 생각보다 평판이 많이 작용한다. 또 어떤 업종이냐에 따라서 IT 업계가 분류되기 때문에 몇 사람만 거치면 그 사람에 대해 알아내는 건 그리 어렵지 않다. 당연히 평판이 좋아야 이직도 잘 할 수 있다.

자신의 위치에서 최고의 시스템 운영 전문가가 되어 있다면 이직은 자기 발전의 기회이다. 굳이 이직을 하지 않더라도 이미 현 직장에서 인정받은 사람이고 앞날이 보일 것이다. 이직을 통해서 얻을 수 있는 것도 있겠지만 현 직장에서 이뤄놓은 것들을 쉽게 포기할 것인지도 잘 생각해 봐야 한다. 이직이 항상 좋다고 할 수 없기 때문이다.

능력 있는 사람은 어디로 이직할 것인지를 고민하는 것이 아니라 언제 이직해야 하는지를 고민한다. 이직할 때가 되면 미련 없이 이직을 하는 것이다. 이직은 능력이다. 능력이 있어야 이직도 할 수 있는 것이다. 어떤 사람은 이직을 하기 위해서 이력서를 제출하는 것이 아니라 자신의 가치를 확인하기 위해서 이력서를 제출해 본다고 한다. 자신이 지금 가지고 있는 강점과 약점을 파악하고 무엇이 필요한지를 알기 위해서이다. 굳이 이직을 하지 않더라도 시장에서 자신의 위치를 확인하는 것은 자신의 발전을 위해서 좋은 방법 중 하나인 거 같다.

에피소드 - 일지 작성

나는 매일 업무 일지를 작성한다. 개발 진행 사항, 문의 사항, 기타 사항 등을 일일 업무 일지에 작성한다. 개발 진행 사항에는 개발 내용이 정리되어 들어가고 이것이 모이면 개발 과정을 자세히 파악할 수 있는 자료가 된다. 문의 사항은 기록이 필요한 문의 사항 위주로 처리 내용도 함께 작성한다. 자주 작성되는 문의 사항은 개선 대상이 되기도 하고 처리에 애로 사항이 있는 건은 지속적인 체크를 통해서 관리하고 해결할 수 있는 방법을 찾는다.

업무 일지는 추후 운영 매뉴얼을 작성할 때 기초 자료가 된다. 업무가 지속적으로 변경되고 추가되듯이 운영 매뉴얼 또한 지속적으로 업데이트된다. 지금까지 작성된 운영 매뉴얼은 각 업무 구분 별로 수십 페이지에서 수백 페이지 정도 된다. 또한 운영 매뉴얼과는 별도로 프로세스 개선, 신규 프로세스 등 개발 범위가 크거나 기간이 오래 걸리는 업무에 대해서는 별도 업무 매뉴얼을 작성한다. 개발을 하기 전에 업무 매뉴얼부터 작성하여 업무 분석 및 설계를 한 후 개발을 하고 개발 중 변경 및 추가되는 사항에 대해서 지속적으로 업무 매뉴얼에 업데이트한다. 업무 매뉴얼은 시스템을 운영하는 데 도움이 될 뿐만 아니라 업무 인수인계 시 후임자에게도 큰 도움이 된다.

에피소드 - SM

일이 너무 많고 힘들어서 이직을 생각하고 있을 때였다. 지금도 마찬가지지만 담당하는 업무에 장애가 생기면 자금 손실이나 민원이 많이 생기기 때문에 스트레스가 많았다. 또 아무리 신경을 쓴다고 하더라도 누가 한번 더 봐주면 내가 놓칠 수 있는 부분을 찾아줄 수 있는데 나도 사람이라 실수를 하기 마련이었다. 그렇게 이직을 생각하던 중 큰 프로젝트가 생겼는데 이 때 SM을 채용해서 나와 함께 일을 하게 되었다. 천군만마를 얻은 것이다. 그런데 정말 천리마를 얻었다.

아침에 출근을 하면 커피 타러 가는 시간 외에는 왠만해서는 자리를 뜨지 않는다. 그렇다고 근무 시간에 인터넷 등 딴 짓을 하는 것을 보지 못했다. 휴일 전날이 아닌 월요일부터 목요일까지는 특별한 일이 없으면 저녁을 먹고 9시에서 10시 사이에 퇴근을 했다. 퇴근도 특별한 이야기가 없으면 하지도 않았다. 일도 시키면 꿋꿋이 한다. 뭐라고 싫은 소리를 해도 꿋꿋이 한다. 처음이라서 그럴 수도 있겠다고 생각하겠지만 이런 생활을 1년 정도 했다. 프로젝트가 끝난 이후 지금까지도 함께 일을 하고 있다. 프로젝트 지원을 위해 채용했지만 지금은 꼭 필요한 위치에 있다고 말힐 수 있다. 모든 면에서 다 잘한다고 볼 수는 없지만 근무태도뿐만 아니라 자신이 담당하는 업무에서는 이제 전문가이다.

에피소드 - 자기 계발

많은 직장인들이 자기 계발을 한다. 자격증부터 어학, 독서, 운동, 교육, 진학 등 다양한 방법으로 자기 계발을 한다. 무엇을 해야 하는지에 대한 정답은 없지만 중요한 건 무엇을 하든 목적 의식을 분명히 가지고 해야 한다는 것이다. 나는 자기 계발이 무엇이든지 그것 자체보다 자기 관리에 더 초점을 맞춘다. 나에게는 자기 관리가 곧 자기 계발인 셈이다. 어떻게 하면 나를 더 잘 관리하고 경영할지 고민하는 것이 나의 자기 계발이다. 나는 자기 관리에 중심이 되는 세 가지 원칙을 정해 두고 있다.

먼저 나는 독서를 통해서 자기 관리를 한다. 독서로 내가 무엇을 관리해야 할지 무엇을 해야 할지에 대해서 생각하고 행동한다. 보통 1년 동안 일주일에 한 권 정도인 52권 이상은 읽는다. 중요한 건 단순히 책을 읽는 수준이 아니라 책을 통해서 내 삶의 변화를 이끌고 지식과 지혜를 쌓는 것이다. 나에게 있어 책은 자기 관리의 방향을 잡아주는 나침반이라고 할 수 있다.

두 번째는 운동을 통해서 자기 관리를 한다. 많은 사람들이 운동으로 자기관리를 하듯이 나 또한 운동을 하며 건강을 챙긴다. 운동은 무엇보다 지속적으로 꾸준히 해야 하는 것이 중요한 거 같다. 체력을 유지하는 차원에서 나는 보통 3일에 하루 정도는 헬스장에서 5~10km 정도의 런닝과 근력 운동을 한다.

세 번째는 규칙적으로 도서관을 가는 것으로 자기 관리를 한다. 도서관에 가는 것이 무슨 자기 관리냐고 할 수 있지만 나에게 도서관은 나만의 문화이고 나만의 공간이며 휴식처이다. 주말 48시간 중 도서관에서 보내는 시간은 특별한 일이 없다면 9시간 정도 된다. 토요일 오전 7시부터 오후 1시까지 6시간, 일요일 아침 7시부터 10시까지 3시간은 보통 도서관에서 지낸다. 나에게 있어 도서관에서 보내는 이 시간은 자기 계발을 설계하는 시간이다. 또 나의 꿈을 키워 가고 만들어 가는 공간이고 나 혼자만의 시간을 최대한 효율적이고 알차게 사용하는 장소이다.

어떻게 토요일과 일요일 모두 아침 일찍부터 도서관에 갈 수 있냐고 묻는다면 습관이 되어서 별로 힘들지 않다고 말할 수 있다. 나에게는 이 시간이 즐겁고 기다려지기 때문이다.

두 번째 이야기 · 전산실 관리자로 일한다는 것은

-
-
-

전산실은 실무 조직이라고 할 수 있다. 시스템 운영과 개발의 대부분이 실무에 의해 진행된다. 그렇다고 관리자가 없어서는 안 된다. 어떤 조직이나 마찬가지겠지만 관리자가 어떻게 하느냐에 따라서 일의 성과가 뚜렷이 차이난다. 전산실도 마찬가지이다. 전산실 관리자에게는 관리자의 역할과 해야 할 일이 분명히 따로 존재한다. 관리자의 역할에 대해서 잘 알고 자기 역할을 제대로 해야 한다.

이제는 전산실 관리자도 자신의 역할에 대해 한번 생각해 볼 때이다. 단순히 직급이 높아서 관리자로 있다면 한번쯤 생각해 봐야 한다. 관리자는 관리 능력을 펼칠 수 있어야 한다. 직급이 곧 자신의 관리 능력이라고 생각하는 것과 관리 능력이 나의 직급을 만들어 준다고 생각하는 것에는 큰 차이가 있다. 특히 중간 관리자라면 아직 더 많이 배우고 공부해야 한다. 전산실에서 관리자로 일한다면 어떻게 해야 하는지에 대해 이야기해 보고 또 앞으로 관리자가 될 이들에게 도움이 되길 소망해 본다.

실패하는 전산실 관리자의 유형

첫째, 죽을 것을 각오하고 싸우는 자는 죽을 것이요,
둘째, 악착같이 살려고 하는 자는 포로가 될 것이며,
셋째, 성미가 급해 화를 내는 자는 기만 당할 것이요,
넷째, 청렴 결백한 자는 모욕을 당할 것이요,
다섯째, 병사를 아끼는 자는 번민에 빠질 것이다.
무릇 이 다섯 가지는 장수의 허물이요, 용병의 폐해이다.
- 손자병법 중에서

손자병법을 보면 장수가 경계해야 할 다섯 가지 위태로움이 나온다. 장수로서 조심하고 경계해야 할 사항들인데 전산실의 관리자 입장에서 재해석해 보았다.

현업과 죽을 각오로 싸우는 관리자

첫째, 죽을 각오로 싸우는 장수는 현업과 죽을 각오로 싸우는 관리자이다.

관리자가 현업과 싸운다는 것은 실무자끼리 싸우는 것과는 차원이 다른 이야기다. 관리자의 다툼은 부서와 부서의 싸움이 될 수 있기 때문이다. 부서끼리의 다툼은 조직을 무너뜨리는 원인이 되기도 한다.

대부분의 전산실은 주 업무인 시스템을 운영하면서 현업의 요구사항이나 문의 사항을 처리한다. 이 과정에서 관리자의 다툼은 일의 진행을 더디게 만들 수 있다. 관리자는 실무자의 다툼을 해결해 줘야 하는 입장이 되어야 한다. 또한 현업의 요청 사항을 지원 가능한 범위에서 적극적인 자세로 해 줄 수 있어야 한다.

불가피하게 싸움을 해야 한다면 손자병법에 나오는 "선승구전(先勝求戰)"의 계책처럼 승리를 확보한 후 승리하러 들어가야 한다. 이길 계산을 충분히 한 후 싸워야 한다. 감정이나 분노로 현업과 감정적으로 싸워서는 안 된다.

관리자의 말 한마디와 의사결정 하나에 따라 현업들이 바라보는 전산실의 평가가 달라질 수 있다. 전산실 관리자는 타 부서와의 외교 능력도 적절히 갖추어야 한다. 전산실 관리자는 현업과의 갈등 발생 시 싸우기보다 실무자의 입장을 대변하고 적절하게 조율할 수 있는 능력을 발휘하여 조직을 이끌어야 하겠다.

시스템 문제를 실무자의 책임으로 모두 돌리는 관리자

둘째, 악착같이 살려고 하는 장수는 시스템 문제를 실무자의 책임으로 모두 돌리고 자신은 아무 책임이 없다고 하는 관리자이다.

전산실에서는 시스템 장애나 프로그램 오류 등으로 인해 여러 문제들이 발생할 수 있다. 이런 문제들이 발생했을 때 모든 책임을 실무자에게 돌리고 자신은 아무 잘못이 없다는 것처럼 실무자를 탓하는 관리자는 관리자로서의 자질이 없다고 할 수 있다.

관리자는 자신이 관리하는 조직에서 발생한 시스템 장애나 오류에 대해 자유로울 수 없다. 시스템 관련 장애나 오류에 대해서는 반드시 책임지는 자세가 필요하다. 시스템 장애에 대해서는 사전에 예방할 수 있는 대책을 세우거나 대비하는 것이 관리자의 몫이다. 자신의 할 일을 다하지 않고 모든 책임을 실무자에게 돌려서는 안 된다.

또한 프로그램 오류의 경우 개발을 직접 하지 않았더라도 최종 운영 배포 책임자는 관리자이기 때문에 시스템에서 발생하는 프로그램 오류는 관리자가 책임을 져야 한다. 단순히 결재 라인 상에 있는 관리자라면 절차만 복잡하게 할 뿐이다. 결재를 했다면 책임도 질 수 있어야 한다. 권한만 있고 책임이 없는 관리자는 결국 그 조직을 실패하게 만들 것이다.

실무자의 실수는 질책할 수 있어도 책임은 회피해서는 안된다. 실무자의 실수도 자신의 관리 소홀로 받아들이고 책임질 수 있어야 한다. 경우에 따라서는 실무자를 보호해 주고 자신이 대신 책임을 질 수도 있어야 한다. 전산실 관리자도 여느 조직과 마찬가지로 책임을 지는 자리이다.

실무자에게 감정을 잘 드러내는 관리자

셋째, 성미가 급해 화를 내는 장수는 실무자에게 감정을 잘 드러내는 관리자이다.

전산실 운영 시스템의 장애나 프로그램 오류뿐만 아니라 사소한 일에도 격하게 감정적으로 반응하는 관리자가 있을 수 있다. 관리자가 불 같은 성격으로 모든 일을 감정적으로 처리하려고 한다면 실무자는 방어적인 자세로 일을 처리하게 된다.

일을 진행함에 있어서 모든 것이 관리자의 마음에 들 수는 없다. 때로는 원하지 않는 방향으로 흘러갈 수도 있고 잘못된 결과를 낳을 수도 있다. 이 때 감정적으로 비난하고 질책하는 관리자를 따르는 실무자는 아마도 없을 것이다.

관리자의 감정 상태가 실무자에게는 예상 외로 크게 느껴진다. 설사 시스템 오류가 실무자의 프로그램 실수라고 할지라도 모든 것을 실무자의 책임으로 몰아가고 감정적으로 비난한다면 실무자는 잘못을 인정하고 다음에는 이런 실수를 하지 말아야지 하는 마음보다 억울한 마음과 관리자에 대한 원망이 더 크게 생길 것이다. 감정을 잘 드러내는 관리자는 실무자의 마음을 읽지 못할 뿐 아니라 조직을 자신의 감정 상황에 따라 이끌어 갈 확률이 높다. 실무자는 업무를 진행하는 데 관리자의 기분에 눈치를 보게 되고 같은 일을 하더라도 힘이 들고 스트레스를 받게 된다.

감정을 다스리기가 쉽지 않지만 관리자라면 감정보다는 이성적으로 생각하고 판단하는 차가운 머리가 필요하다.

융통성이 없는 관리자

넷째, 청렴 결백한 장수는 지나치게 자신의 원리원칙에 집착하는 융통성이 없는 관리자이다.

전산실에서 시스템을 운영하다 보면 가끔은 자체적으로 해결이 불가능하거나 기술적으로 방법이 없는 문제도 전산에서 안 되는 것이 어디 있냐며 해결을 원하는 관리자가 있다. 또한 특별히 중요하지도 않고 발생 빈도도 현저히 낮은 문제에 집착하는 관리자가 있다.

어느 정도 전산 시스템을 이해하고 현실을 직시한다면 사후에 해결책을 모색하거나 현 상황에서 문제 의식만 가지고 넘어갈 수도 있는 부분이 있다. 하지만 융통성 없는 관리자는 지나치게 자신의 원칙을 고수하면서 실무자의 의견을 무시하고 타협하지 않고 문제의 해결을 요구한다. 답도 보이지 않는 문제에 대해 몇 날 며칠 야근을 하며 많은 시간을 할애한다.

실무자는 정작 해야 할 일은 하지도 못하고 답 없는 답을 찾으려 한다. 정작 해야 할 일이 밀리다 보니 프로그램 완성도는 떨어지고 테스트는 미흡하게 된다. 결국 또 다른 시스템 문제를 일으키고 악순환은 반복된다.

관리자가 자신의 원칙, 고집만 세우다가 큰 그림을 보지 못한다면 변화하는 환경에 적응하지 못하게 되고 결국 도태되고 말 것이다. 실무자의 입장을 한번 생각해 보고 정말 집중해서 해야 할 일들에 역량을 쏟아붓는 것이 더 현명한 관리자일 것이다. 조직에 더 도움이 되는 방향으로 이끌어가는 융통성을 발휘하는 관리자가 되어야 하겠다.

마음 약한 관리자

다섯째, 병사를 아끼는 장수는 마음 약한 관리자이다.

관리자가 화를 잘 내도 안되지만 마음이 너무 약해서 실무자에게 싫은 소리 하나 할 줄 몰라서도 안 된다. 관리자라면 실무자의 실수나 잘못된 방향에 대해서 적절히 지적하거나 인도할 수 있어야 한다. 실무자의 프로그램 오류에 대해서 잘못을 찾아내 보완해 주고 해결책을 마련해 줄 수 있어야 하고 잘못된 프로그램 개발 방향에 대해서도 올바른 방향으로 이끌 수 있어야 한다.

그 과정에서 좋은 말만 할 수는 없다. 때로는 실무자에게 직언을 할 수도 있고 의사결정을 바꿀 수도 있다. 하지만 그것이 서로에게 도움이 되는 일이 된다. 실무자의 의견을 무조건 받아들이고 모든 것을 실무자에게 위임하고 자신은 천사 같은 관리자로 남겠다면 관리자의 능력이 부족하거나 자격이 없는 것이다.

실무자에게 좋은 사람으로 남으려고 싫은 소리 하나 하지 못한다면 겉으로는 좋은 사람이라는 소리를 들을 수 있을지 몰라도 속으로는 능력 없다는 소리를 들을 수도 있다. 마음 약한 관리자는 시간이 지날수록 존재감이 없어지고 실무자의 일이 잘못되었을 때마다 책임이 돌아가기 때문에 관리자의 위치에 오래 있을 수 없을 것이다.

LEADERSHIP

나는 어떤 리더십을 발휘할 것인가?

전산실 관리자라면 나는 어떤 리더십을 발휘할 것인지 한번 생각해 봐야 한다. 나는 어떤 관리자인지도 한번 생각해 봐야 한다. 관리자의 실패는 관리자 혼자만의 실패가 아니다. 관리자의 위치에 따라 그 조직의 크기만큼 실패하는 것이다. 관리자 한 명이 조직에 끼치는 영향은 의외로 크다. 누가 관리자가 되느냐에 따라 조직이 달라진다는 것을 그 동안 전산실에 근무하면서 많이 느껴왔다.

또한 성공한 관리자는 혼자만의 능력으로 될 수도 없다. 실무자의 능력을 극대화하고 자신의 관리 능력을 효율적으로 조직에 맞게 이용해야 한다. 전신실에서 관리사보 일하고 있다면 나는 어떤 관리자인지 생각해 보고 보완해야 할 부분은 무엇인지 바꿔야 할 부분은 무엇인지 생각해 보는 시간을 한번쯤 가져보도록 하자. 시스템 운영 전문가는 전쟁에서 승리하는 장수 같은 관리자가 되어야 한다.

전산실 관리자에게 필요한 능력

"위치에 따라서 요구하는 능력은 다르다"

전산실에서 실무자로 어느 정도 근무를 하면 자연스럽게 관리자로 올라가는 경우가 있다. 우리나라에서는 미국처럼 백발이 되도록 늦은 나이까지 실무자나 엔지니어로 남기가 쉽지 않은 게 현실이다. 이렇게 관리자가 되는 것은 어쩔 수 없다고 치더라도 문제는 그 역할에 맞는 능력이 있느냐 하는 것이다.

전산실에서 근무하다 보면 어떤 사람에게 관리자의 자질이 있는지, 관리자의 역할보다는 실무자의 역할이 더 어울리는지 어느 정도 구분이 된다. 관리자보다는 실무자의 역할을 더 잘 하는 사람이 있고 실무자보다는 관리자로서의 역량을 더 잘 발휘하는 사람이 있다.

하지만 전산실에서 관리를 잘 할 거 같다고 해서 꼭 관리자가 되지는 않는다. 직급이나 위치에 따라 관리자를 할 수도 있고 실무보다 관리를 더 잘해 관리자를 할 수도 있다. 혹은 실무도 잘 하는데 관리도 잘 해서 실무형 관리자라는 타이틀을 달 수도 있다. 가장 큰 문제는 실무도 못하는데 관리도 못하는 경우일 것이다. 보통 실무를 못하면 관리를 잘 할 수는 없다. 실무를 모르는 관리자는 실무자의 입장을 전혀 고려하지 못하고 제대로 된 관리를 하지 못한다.

그래서 전산실에서 관리자는 자신에게 어떤 능력이 필요한지 생각해 볼 필요가 있다. 관리자가 되었다면 실무를 했을 때와는 다른 능력이 필요하다. 실무자 때처럼 자신이 담당하는 업무만 잘 해서는 관리자로서 인정받기 쉽지 않다. 실무자라면 자신의 업무에 대해서는 어느 누구보다 세세한 부분까지 잘 알아야 하겠지만 관리자가 되어서는 어느 한 업무에 대해서만 자세히 알아서는 안 될 것이다.

선산실 관리자는 자신이 관리하는 업무에 대해서 전반적으로 파악하는 능력은 기본이고 그 밖에 시스템에 문제가 생겼을 때 신속하게 해결하고 개선하는 능력, 직원 한 사람 한 사람을 관리하는 능력, 업무 추진 능력 그리고 책임감 등이 필요하다고 생각한다. 그 밖에 여러 가지가 있겠지만 전산실 관리자에게 꼭 필요한 능력에 대해 이야기해 본다.

업무 파악 능력

첫 번째는 업무 파악 능력이다.

전산실뿐만 아니라 SI 프로젝트에서 PL, PM 등 관리자의 역할을 하더라도 업무 파악 능력은 중요하다. 자신이 담당하는 업무를 전반적으로 파악하고 있어야 상위 관리자에게 보고를 할 수 있고 실무자에게 업무 지시나 일정 조율 등의 관리를 할 수 있다.

업무 파악 능력은 굳이 전산실 관리자로 제한하지 않아도 어떤 업무에서나 기본 중에 기본일 것이다. 아는 만큼 보인다는 말처럼 관리자가 업무를 아는 만큼 관리의 수준이 달라진다. 실무자만큼 각 업무마다 자세히는 아니어도 업무의 전반적인 내용을 파악하고 있어야 한다. 실무자가 진행하는 업무에 대해서 관리자가 알지 못해서는 안 된다. 실무자가 하는 업무에 대해서 정확하게 파악이 되어 있어야 한다. 실무자가 하는 일에 가이드를 할 수 있는 부분이 있다면 가이드를 해서 일이 수월하게 잘 진행될 수 있도록 해야 한다.

실무자가 진행하는 업무가 제대로 파악되어 있지 않은 상황에서 실무자에게 엉뚱한 지시를 해서 일의 진행을 더디게 하거나 실무자를 힘들게 하는 것은 좋은 관리자의 역할이 아니다. 관리자는 실무자와 다른 관점에서 업무를 파악할 수 있어야 한다. 실무자가 보지 못하고 놓칠 수 있는 부분을 관리자는 볼 수 있어야 한다.

당연한 것이 없듯이 조금만 관심만 가지고 의문을 가진다면 업무 파악의 내용이 깊어진다. 업무 파악이 많이 잘 된 만큼 관리자의 능력이 올라간다. 업무 파악 능력은 기본 중에 기본이다.

시스템 개선 능력

두 번째는 시스템 개선 능력이다.

전산실에서 운영하는 시스템은 수시로 변한다. 전산실에서 운영하는 시스템은 지속적으로 변한다. 신규 업무의 추가와 기존 업무의 변경 등 많은 요청 사항을 처리하면서 시스템은 꾸준하게 업데이트가 된다. 처음 구축된 시스템에서 프로그램 소스도 많이 변경되고 추가되며 데이터 또한 지속적으로 쌓이게 된다.

운영되는 시스템은 한 사람이 아닌 여러 명의 실무자를 거쳐 개발된다. 그러면서 시스템은 많은 변화를 겪게 되는데 그 가운데 불필요한 프로그램 프로세스나 잘못된 프로세스가 파악될 수 있다.

혹은 더 좋은 방법이 있는데 당장 개발 시간과 여력이 부족하여 하드 코딩 등의 쉬운 방법을 택하고 그대로 둔 프로그램도 있을 것이다. 분명 나중에 개선하겠다고 그냥 둔 프로그램도 있을 것이다. 하지만 나중에 한다고 해놓고 실제로 하는 경우는 많지 않다. 현실적으로 쉽지 않다. 왜냐하면 현업에서 요청받는 일도 쌓여있는데 요청하지도 않고 티도 잘 나지 않는 일을 전산실에서 자체적으로 진행하는 시스템 개선은 후순위로 밀리기 쉽기 때문이다.

하지만 관리자라면 이런 개선 사항을 찾아내서 꾸준히 관리해야 한다. 티가 나지 않을 수도 있지만 작은 것 하나부터 개선해 나간다면 시간이 지날수록 운영하는 시스템이 달라졌다는 걸 분명 느낄 수 있다. 시스템 개선은 관리자의 의지에 달려있다고 해도 과언이 아니다. 만약 실무자가 작은 개선 사항을 실천했다면 칭찬과 격려를 아끼지 말아야 한다. 아니 작은 것일지라도 크게 인식해서 그냥 지나쳐 버리지 않도록 해야 한다. 작은 개선도 칭찬하고 격려해서 더 큰 변화를 이끌 수 있는 동기부여를 해야 한다.

개선은 꾸준히 해야 한다. 단시간 내에 하기란 쉽지 않다. 실무자 입장에서는 귀찮은 일일 수도 있다. 티가 잘 나기 않기 때문에 적극적으로 하기 힘들다. 따라서 관리자는 실무자에게 동기부여를 하고 챙겨야 한다.

다른 관리자와의 차별화를 원하는 관리자라면 이런 개선을 놓쳐서는 안 된다. 그래야 실무자도 프로그램 개발을 처음 할 때 신경을 더 쓸 수 있고 스스로 개선할 수 있는 사항을 찾아 개선하려고 한다. 관리자가 어떤 마인드로 시스템을 운영하느냐에 따라 실무자도 그 생각을 따르고 시스템도 개선된다. 시스템 개선은 꾸준하고도 지속적으로 해야 효과가 있다.

직원 관리 능력

세 번째는 직원 관리 능력이다.

전산실 관리자의 관리 항목 중 가장 힘든 부분은 사람 관리이다. 이는 전산실뿐만 아니라 어느 조직에서나 마찬가지일 것이다. 왜냐하면 사람의 마음은 수시로 변하고 이해 관계나 위치에 따라 관계가 달라지기 때문이다. 이전에는 같은 팀원으로써 업무를 진행했다고 하더라도 관리자가 되면 위치가 달라지기 때문에 이전 같은 상황이 될 수 없을 것이다. 때로는 업무 진행 상황에 따라 질책을 할 필요도 있고 지시를 해야 할 때도 있다. 하지만 예전 관계 때문에 지시나 질책을 하지 못한다면 관리자로서의 자질이 부족하다고 할 수 있다.

직원 관리에서 가장 좋은 방법은 원칙이다. 자신만의 관리 원칙을 세워서 공유하고 그 원칙에 맞게 모든 일을 처리한다면 이전 관계에 대한 부담이 사라질 것이다. 실무자 또한 원칙에 따라 모든 직원을 형평성 있게 대하기 때문에 불만을 가질 수 없다. 만약 불만을 품은 직원이라면 조직 생활에서 공과 사를 구분하지 못하는 사람이다. 회사 조직은 친분 관계에 의해 만들어진 것이 아니다.

원칙은 보편 타당한 것이어야 한다. 원칙을 직원들과 같이 세울 필요는 없지만 공유는 해야 한다. 그래야 그 원칙에 따라 조직이 움직일 수 있기 때문이다. 관리자가 추구하는 방향에 따라 세운 원칙과 직원과 함께 세울 수 있는 원칙을 적절히 구분한다면 가장 합리적인 원칙이 만들어질 것이다. 그리고 그 원칙에 따라 한쪽으로 치우침이 없이 직원들을 관리하는 것이 관리자의 직원 관리 능력이라고 할 수 있다.

업무 추진 능력

네 번째는 업무 추진 능력이다.

전산실에서 관리자가 되었다면 이제는 실무만 할 수는 없다. 실무보다는 일이 제대로 진행될 수 있도록 하는 것이 관리자의 역할이라고 할 수 있다. 실무자가 일을 수월하게 진행할 수 있도록 업무 정의, 회의, 보고, 문서 작성, 일정 관리 등을 전체적으로 관리하여 조직에서 일이 문제 없이 흘러가도록 추진하는 것이 관리자가 할 일이다.

이런 것들을 나는 업무 추진 능력이라고 생각한다. 업무 정의를 위해 현업과 미팅을 하며 협의를 하는 것, 내/외부 회의를 통해 의견을 모으거나 문제를 해결하는 것, 보고 문서를 작성하거나 메일을 쓰는 것, 관련 담당자나 현업들에게 공지를 하거나 현업과 일정 협의를 하는 것 등 상호 의사소통이 필요한 모든 행위에서 관리자는 탁월한 추진력을 보여 주어야 한다.

회의 시에는 의견을 한 데 모으고 명쾌한 결론을 내려 일이 추진되게 해야 한다. 현업과의 회의에서 요청 내용을 적절하게 수용할 수도 있어야 하고 때로는 타협과 거래도 할 수 있어야 한다. 상위 관리자에게 보고 시에는 내용을 정확히 파악하고 의문이 남지 않도록 보고해야 한다. 상위 관리자가 원하는 것 이상의 보고가 되어 일이 수월하게 진행되고 있음을 알려야 한다. 상위 관리자에게 받은 칭찬과 격려는 관리자가 관리하는 조직원들에게 힘이 되고 동기부여가 된다.

문서를 작성하거나, 메일을 쓰거나, 현업에게 공지를 위한 글을 쓰는 모든 행위 또한 일을 잘 진행하기 위해 관리자가 갖추어야 할 필수 능력이다. 구두로 진행하는 것과 문서로 남기고 진행하는 것에는 큰 차이가 있기 때문이다. 구두 진행은 언제든지 바뀔 수 있고 근거가 되기에는 부족하다. 따라서 전산실 관리자는 문서 형태로 명확하게 기록을 남기면서 일을 추진할 수 있어야 한다.

업무를 추진하는 데 있어서 일정 관리는 관리자가 정확히 확인을 해야 하는 부분이다. 일의 우선순위를 정한 후 일정이 지연될 거 같으면 신속히 조치를 해서 일정에 지장이 없도록 해야 하고 일정에 맞춰 순항하고 있는지 각 업무를 항상 체크해야 한다.

관리자가 업무 추진을 잘하면 실무자와 현업의 신뢰가 따른다. 고집불통이 아닌 현실적이고 실현 가능한 범위에서 업무를 추진하는 관리자가 되어야 한다.

책임감 능력

다섯 번째는 책임감 능력이다.

책임을 회피하는 관리자는 직장에서 공공의 적이다. 책임을 회피하는 관리자는 실무자의 근로 의욕을 떨어트릴 뿐만 아니라 조직 차원에서 본다면 암적인 존재라고도 볼 수 있다.

전산실 관리자도 실무자로부터 여러 의사결정 사항을 보고 받는다. 그중에서 문제가 있는 부분에 대해서 어떻게 해야 할지 결정할 사항도 있다. 그리고 그 결정한 사항에 대한 책임은 당연히 관리자에게 있다.

하지만 결정은 관리자가 해도 실무자가 일을 했기 때문에 실무자에게 책임을 돌리는 경우도 가끔 있다. 실무자도 어느 정도 책임이 있겠지만 관리자도 책임에서 자유로울 수 없는 것이 당연하다. 실무자가 모든 책임을 질 거라면 관리자의 의사결정을 따를 필요가 없다.

책임감이 있는 관리자는 실무자가 믿고 많이 따른다. 때로는 실무자의 실수도 관리자가 대신 책임질 수 있어야 한다. 관리자는 실무자의 방패이다. 관리자가 실무자에게 보여줄 수 있는 것 중에 가장 크고 효과가 있는 건 책임을 지는 행동이다. 책임감도 능력이다. 믿고 따를 수 있는 관리자가 되는 방법 중 확실한 하나는 책임지는 관리자이다.

업무 파악 능력, 시스템 개선 능력, 직원 관리 능력, 업무 추진 능력, 책임감 능력은 시스템 운영 전문가가 되기 위해서 꼭 필요한 능력이다. 전산실 관리자라면 자신에게 필요한 능력이 무엇인지 한 번 생각해 볼 수 있는 계기가 되었으면 좋겠다.

순서를 아는 것은 길을 아는 것이다

"만약 A를 선택하면 나중에 B를 할 수 없지만 B를 먼저 하면
나중에 A를 할 수 있는 상황이라면 나는 B를 선택한다"
- 고승덕 변호사의 T1T2 판단법

A를 선택하면 B를 포기하는 것이고, B를 선택하면 A를 다시 할 수 있는 기회를 가질 수 있는 상황이라면 A를 선택하는 것이 나을 것이다. 고승덕 변호사의 말처럼 일의 선택에 있어 중요성보다 시간적인 처리 순서가 먼저일 경우가 있다. 중요한 일이지만 나중에 해도 되는 일이 있고 중요하지는 않지만 먼저 처리해야 할 일이 있다. 이런 처리 순서를 우리는 우선순위라고 한다.

전산실 관리자라면 일을 진행할 때 생각해 보아야 할 것이 일의 우선순위이다. 일들에 대해 어떤 우선순위를 두고 진행해야 하는지 고민해야 한다. 중요한 일을 먼저 처리하는 것이 맞는지 시간적인 처리 순서에 따라 먼저 처리하는 것이 맞는지 결정해야 한다. 일의 우선순위를 잘 정하는 것은 관리자의 중요한 역할 중 하나이기 때문이다.

어느 업무 하나 중요하지 않는 일은 없을 것이다. 아무리 중요한 일이라도 시간을 재촉하는 일이 아니라면 덜 중요하지만 시간을 재촉하는 일을 처리하는 것이 옳다. 일의 순서를 안다면 최대한 빨리 가는 길을 아는 것과 같다고 할 수 있다. 시기마다 꼭 해야 할 일이 있듯이 그때그때 해야 할 일과 할 수 있는 일이 무엇인지 파악하고 진행할 수 있도록 하는 것이 전산실 관리자의 역할인 것이다. 전산실 관리자라면 우선순위를 확실히 정해서 일을 신속하게 추진할 수 있어야 한다. 두 마리 토끼를 잡으려다가 둘 다 놓칠 수 있다. 일의 우선순위에 대한 선택과 집중을 관리자는 적절하게 해야 한다.

전산실은 내부의 현업 담당자들과 외부 기관 등을 통해 많은 시스템 개발 요청을 받는다. 각 현업 부서로부터는 자신들의 비즈니스 업무에 맞는 전산 시스템 개발을 요청받을 것이고 외부 기관으로부터는 시스템 연계를 위한 개발 요청 사항을 받아 진행할 것이다. 거기에 전산실에서 자체적으로 처리해야 할 시스템 개발도 있을 것이고 그 밖에 기타 많은 업무들이 있다.

내외부로 진행하는 많은 일들에 대해서 전산실 관리자는 교통 정리를 잘 해야 한다. 실무자 누구 하나에게 일이 몰렸을 때는 적절한 분배와 조율을 해야 하고 일의 우선순위를 정해서 진행할 수 있도록 해야 한다. 그래야 실무자가 진행하는 업무에 집중을 할 수 있다.

전산실 관리자가 일정 관리를 잘하기 위해서는 업무가 제대로 파악되어 있어야 한다. 업무 파악이 제대로 되어 있으면 이 업무는 어느 정도 일정이 필요하겠구나 하는 예측이 가능하다. 또 실무자가 생각하는 일정과 다른 경우에는 업무 가이드나 일정에 맞출 수 있는 프로세스 정의를 통해서 업무를 적절하게 조절할 수도 있어야 한다.

실무자 입장에서 본다면 일이 있을 때마다 실무자에게 그대로 전달만 하는 관리자와 일정 조율까지 해서 지시하는 관리자의 능력은 하늘과 땅 차이만큼 크게 여겨진다. 따라서 관리자는 일을 추진해야 할 때와 조율해야 할 때를 명확히 해야 한다.

우선순위는 전략이다

일을 하면서 바쁘다는 말들을 많이 한다. 바쁘냐고 물어보면 안 바쁜 사람이 없다. 정말 바쁜 것인지 바쁜 척을 하는 것인지는 모르겠지만 정말 바쁘다면 무엇 때문에 바쁜지 한번 생각해 봐야 한다. 수많은 일들 중에 정말 효율적으로 일의 우선순위를 정해서 시간을 적절히 활용하고 있는지를 계속 확인해야 한다. 정신 없이 일을 했는데 정말 해야 할 일은 계속 미뤄져 일정 지연이 자주 일어난다면 깊이 고민해야 한다.

우선순위를 잘 정한다는 것은 시간 활용을 잘 하는 것이다. 바쁘다고 말하기 전에 시간을 어떻게 활용하고 있는지 먼저 살펴 봐야 한다. 바쁘다는 말은 더 이상 여력이 없다는 말로도 들릴 수 있다.

관리자라면 아무리 바빠도 바쁘다는 말을 쉽게 해서는 안 된다. 상급 관리자가 중간 관리자에게 듣고 싶은 말은 바쁘다는 말이 아니고 지시한 일을 제 때 할 수 있다는 말이다. 상급 관리자가 중간 관리자에게 일을 지시하려고 하는데 중간 관리자가 도저히 바빠서 더 이상 일을 할 수 없다고 한다면 상급 관리자가 중간 관리자를 어떻게 평가하게 될지 생각해 봐야 한다.

물론 정말 바쁘고 일이 많을 수 있다. 때로는 바쁘다는 걸 어필해야 할 필요도 있다. 하지만 본인 할 일 다하면서 바쁘다고 하는 관리자와 해 보지도 않고 바쁘다는 말을 먼저 하는 관리자가 있을 때 어떤 관리자의 역량이 더 높이 평가받겠는가? 또 상급 관리자는 중간 관리자가 바쁜 걸 알면서도 업무 지시를 해야 할 수도 있다. 상급 관리자에게 바쁘다는 대답을 하는 것은 곧 '저는 지금 일이 많아서 더 이상 일을 받을 수 없습니다'라는 말과 같이 해석될 수 있다.

바쁜가? 정말 바쁘다면 무엇 때문에 바쁜지 한번 생각해 보고 우선순위를 제대로 정해서 일을 하고 있는지 그리고 정말 바쁘다는 말을 할 수 있을 정도로 시간을 많이 투입하고 있는지 돌아보자.

일을 하기 위해서 바쁜 것인지 내 일을 먼저 생각하고 일을 해야 하니까 바쁜 것인지 생각해 보자. 근무 시간에 바쁘다면 그건 당연한 것이다. 근무 시간이 여유로울 수는 없다. 근무 시간에 커피 마시러 가고 담배 피우러 다니면서, 퇴근도 제때 하면서 바쁘다고 말해서는 안 된다. 근무 시간에 항상 일만 할 수는 없지만 일이 있는데 본인 할 일 다하면서 일이 미뤄지고 있다면 생각해 볼 일이다. 우선순위를 어디에 두고 있는지 한번 생각해 보자.

우선순위를 잘 정해서 해야 할 일들을 잘 관리해야 한다. 우선순위가 기본적으로는 업무의 처리 순서를 말하지만 넓은 의미로 생각해 보면 업무의 순서뿐만 아니라 자신이 가진 시간의 사용 순서에도 해당된다. 예를 들어 휴가를 꼭 바쁠 때 가는 것과 그렇지 않을 때 가는 것도 우선순위를 어떻게 생각하느냐에 따라 달라진다. 특별한 일이 생겨 어쩔 수 없이 가야 할 상황이면 모르겠지만 회사에서 급여를 받고 일한다면 내 일이 먼저인지 회사 일이 먼저인지 한 번쯤 생각해 봐야 할 것이다.

내게 주어진 상황에서 무엇을 먼저 선택할 것인지 우선순위를 결정해야 한다. 시스템 운영 전문가가 되려면 우선순위를 정하고 일을 진행하는 데 능숙해야 한다. 시스템 운영 전문가는 일의 우선순위를 적절하게 선택하여 일이 진행될 수 있도록 신경을 써야 한다. 우선순위를 잘 정하는 것은 업무를 효율적으로 진행할 수 있게 하는 전략이다.

문제 해결사

> "사람들은 곤경에 처하면 헤쳐 나갈 길이 없다고 체념한다.
> 그러나 찾지 않으니까 길이 없지 필사적인 노력으로 찾아 나서면
> 반드시 해결 방법이 나온다"
> - 아산 정주영 명예회장

문제는 처한 환경이 아니라 그 문제를 대하는 자세라고 생각한다. 문제를 대하는 자세와 관련된 사람 중 가장 먼저 아산 정주영 명예회장이 떠오른다. GE 회장 잭 웰치와의 팔씨름, 바다를 막아 간척지를 만든 정주영 공법, 오백 원 지폐로 이룬 조선소 착공 신화 등 수많은 일화를 보면 문제를 해결하는 방식은 정말 상상을 초월한다. 아산 정주영 명예회장처럼 문제를 적극적으로 찾아 해결하려고 노력하면 반드시 해결 방법이 나올 수 있다.

"해 보기나 했어?"
- 아산 정주영 명예회장의 명언 중 명언

전산실에서 시스템을 운영하다 보면 수많은 문제들이 발생한다. 그 문제들 중에는 답이 보이지 않아 해결할 수 없다고 결론을 내리는 경우도 있다. 하지만 어떤 문제라도 적극적으로 돌파구를 마련한다면 해결되지 않는 문제는 별로 없다. 간절한 마음과 어떻게든 해결해 보겠다는 의지만 있다면 해결할 수 있다.

전산실에서 이런 비슷한 말들을 자주 듣는다. "해봤어?" 상황에 따라서는 기분 나쁘게 들릴 수도 있는 말이지만 가끔은 해 보지도 않고 추측을 하며 "~인 거 같습니다", "~안 될 거 같습니다" 같은 대답을 할 때 "해 봤어?"라는 말을 들을 수 있다. 시간이 조금 더 걸리겠지만 전산은 한 번 해 보면 대부분 결과가 눈에 보이기 때문에 명확한 답을 낼 수 있는 부분이 많다.

쉽게 해결된다면 그건 문제가 아닐 것이다. 쉽지 않으니 문제이고 쉽게 풀리지 않으니 힘든 것이다. 전산실 관리자의 중요한 역할 중 하나가 바로 문제를 해결하는 것이다. 실무자들이 들고 오는 수많은 문제들을 어떻게 해결할 것인지 답을 주어야 하는 것이 관리자의 역할이다. 관리자의 판단에 따라서 정말 쉽게 풀릴 수 있는 문제도 있고 상황이 더 어려워지는 경우도 있다. 문제 해결의 수준에 따라 관리자의 역량도 평가된다.

관리자는 문제 해결을 위해서 먼저 올바른 질문을 해야 한다. 문제를 정확히 파악하고 해결하기 위해서 좋은 질문을 해야 한다는 말이다. 영화 〈올드보이〉에서 주인공 최민식은 "누가 나를 가뒀을까?", "왜 가두었을까?" 라는 질문에 집중한다. 그러나 유지태는 "틀린 질문을 하니깐 맞는 대답이 나올리가 없잖아"라고 대답한다. 유지태는 질문이 틀렸다는 사실, 즉 "왜 15년 동안 가뒀을까?"가 아니라 "왜 15년 만에 풀어주었을까?"가 맞는 질문이라고 지적한다.

실무자 입장에서 봤을 때 관리자가 어떤 결론을 내리느냐에 따라서 일이 수월하게 진행될 수도 있고 어렵게 진행될 수도 있다. 따라서 전산실 관리자는 문제에 대한 해결책을 내릴 때 원칙이 정해진 객관적인 기준과 합리적인 절차에 따라서 적절한 방법을 제시해야 한다.

시스템 운영의 기본은 안정이다. 안정은 문제가 없이 편안한 상태이다. 시스템은 항상 안정된 상태로 운영되어야 하고 시스템 장애 등의 문제가 발생하면 빠른 판단으로 정상적으로 복구할 수 있도록 해야 한다. 더 좋은 것은 장애가 발생하기 전에 예방을 하는 것이지만 일단 문제가 발생했다면 처리 시간을 최소화해야 한다.

문제가 발생하지 않도록 이중 삼중 장치를 마련하는 것이 최선책이고 그 다음으로는 문제가 발생했을 때 빠른 해결을 할 수 있도록 해야 한다. 문제는 발생 즉시 해결하는 것이 좋다. 즉시 해결할 수 없다면 해결책 정도는 나와주어야 한다. 문제를 오래 안고 있어 봐야 득이 될 게 없기 때문이다. 문제를 오래 안고 있어도 시스템을 운영하는 데 크게 지장이 없다면 시간을 두고 생각해 볼 수 있지만, 그럼에도 불구하고 그 문제를 항상 이슈로 생각하고 있어야 한다. 근본적인 해결책이 아닌 임시방편으로 해결했다면 관리자는 그 문제에도 지속적으로 신경을 써야 한다.

시스템을 운영하면 이런 경우가 종종 발생한다. 일단은 하드 코딩 등으로 문제를 임시방편으로 해결했고 언젠가는 반드시 해결해야 하는 리스트로 올렸지만 시간이 지나면 잊어버리는 경우가 있다. 따라서 전산실 관리자는 임시로 해결한 문제를 잊지 않고 근본적으로 해결할 수 있어야 한다.

실무자 입장에서는 굳이 또 다시 변경할 필요성을 느끼지 못할 수도 있다. 그러나 문제는 하루라도 빨리 해결하는 것이 좋다. 관리자가 문제를 스스로 해결할 수 없다면 해결책을 찾기 위해서 관련 업체에 문의를 하든지 상위 관리자에게 이슈를 제기하여 문제를 알려야 한다. 문제를 안고 있지 말고 조직적으로 문제를 해결할 수 있게 조치하는 것이 관리자의 역할이다.

또한 문제는 어려운 시기에 고칠 수 있다. 모든 것이 좋아 보일 때는 문제가 잘 보이지 않는다. 어렵고 힘들 때가 되어야 문제가 무엇인지 잘 보인다. 관리자는 힘들고 어려운 때에 문제를 잘 해결하여 다시는 같은 문제가 발생하지 않도록 노력해야 한다. 같은 문제가 두 번 발생한다면 상위 관리자가 당연히 좋아하지 않을 것이다.

어려움을 이겨내어 문제를 해결하면 그 힘들고 고생한 만큼 관리자는 성장하고 시스템도 향상된다. 전산실 관리자는 문제 해결에 익숙해야 한다. 어떤 문제라도 해결할 수 있다는 생각으로 시스템을 운영할 수 있어야 한다. 조직은 관리자에게 문제를 해결하는 역할도 준 것이다. 전산실 관리자는 문제 해결사가 되어야 한다.

시스템 운영 전문가는 어떤 문제가 있더라도 해결할 수 있다는 생각을 가져야 한다. 어쩌면 문제는 진짜 자신의 능력을 보여 줄 기회일 수도 있다. 평소 문제 해결 능력이 뛰어난 관리자라면 문제가 생길 때 뒤로 숨거나 책임을 다른 곳에 돌리려 하지 않고 앞에 나서 문제를 해결해야 한다.

전산실 관리자는 문제를 해결할 때 자신의 존재를 드러내야 한다. 평소에는 관리자가 없어도 시스템 운영이 잘 되도록 해야 하며 문제가 생겼을 때는 관리자만이 해결할 수 있다는 것을 보여 주어야 한다. 진정한 관리자의 존재감은 관리자가 없을 때 일이 안 되는 것이 아니라 관리자가 없어도 시스템 운영이 잘 되는 것이고 문제가 발생했을 때 관리자가 문제를 해결했을 때이다. 시스템 운영 전문가가 되기 위해서는 이렇게 자신의 존재를 드러내야 한다.

마지막으로 문제를 해결하는 데 동기부여가 되는 아디다스(adidas)의 광고 카피를 소개한다.

불가능, 그것은 아무것도 아니다.
불가능, 그것은 도전할 가능성을 의미한다.
불가능, 그것은 영원한 것이 아니라 일시적이다.
불가능, 그것은 나약한 사람들의 핑계에 불과하다.
불가능, 그것은 사실이 아니라 하나의 의견일 뿐이다.
불가능, 그것은 사람들을 용기 있게 만들어 주는 것이다.

시스템 운영 전문가는 문제 해결사이어야 한다

업무 분장 전략

"자본이 없다고 절망하지 마라,
나는 빈손으로 돌아와 전쟁터에서 열두 척의 낡은 배로 133척의 적을 막았다"
- 이순신 장군

이순신 장군은 빈손으로 돌아온 전쟁터에서 열두 척의 낡은 배로 133척의 적을 막았다고 한다. 이순신 장군처럼 전산실 관리자는 주어진 환경에서 최고의 전략으로 실적을 낼 수 있어야 한다. 관리자가 주어진 자원을 어떻게 사용하느냐에 따라서 실적이 달라질 것이다.

주어진 자원을 잘 활용하기 위해 관리자는 실무자에게 적절하고 효율적인 업무 분장을 할 수 있어야 한다. 모든 실무자가 같은 능력을 가지고 있지 않듯이 개개인의 장단점을 고려해서 전략적으로 업무 분장을 할 필요가 있다.

업무 분장을 잘하면 전산실 관리자에게는 힘이 생긴다. 마치 전쟁에서 전략이 좋은 장수가 승리하듯이 업무 분장을 잘하면 효율적이면서도 남들보다 많은 업무를 할 수 있다. 전산실 관리자라면 업무 분장에 있어 신경을 써야 할 몇 가지 원칙이 있다.

제 1 원칙 : 한 사람에게 일이 집중되지 않도록 해야 한다

전산실에서 일이 한 사람에게 몰리면 위험 부담이 높아진다. 아무리 뛰어난 실무자라고 하더라도 계속해서 최상의 컨디션을 유지할 수 없듯이 업무 부하가 지속되면 크고 작은 실수가 일어날 수 있다.

전산실에서 실수는 시스템 장애와도 관련되기 때문에 장애 예방 차원에서도 특정 실무자 한 사람에게 일이 몰리지 않도록 평소 업무 분장을 적절하게 할 수 있어야 한다. 또한 누구 한 사람이 갑작스럽게 빠졌을 때를 대비해서라도 한 사람에게 일을 몰아주면 안 된다. 한 사람에게 의존하는 조직 체계를 만들어서는 안 되는 것이다.

중요한 일이라도 다른 실무자에게 기회를 주는 방향으로 처리하는 것이 좋다. 시간이 조금 걸리더라도 장기적인 관점에서는 그렇게 할 필요가 있다. 전산실 관리자라면 한 사람이 빠지더라도 바로 다른 사람이 그 자리를 매울 수 있는 체계를 만들어야 한다. 이 부분은 하루 아침에 이루어지는 것이 아니다.

실무자 한 사람이 갑작스럽게 빠지면서 그 사람의 업무를 인수받는 실무자가 한 동안 고생하는 것을 많이 봤을 것이고 실제로 경험도 해 보았을 것이다. 그러므로 평소 적절한 업무 분장을 통해서 한 사람에게 일이 집중되지 않도록 하는 것이 관리자의 역할이다.

제 2 원칙 : 중요하거나 많은 업무를 하는 사람에게 혜택을 주어야 한다

모든 실무자에게 똑같은 업무를 배분할 수는 없을 것이다. 개개인의 능력에 차이도 있고 업무 숙련도 다르기 때문이다. 또한 직급에 따라 할 수 있는 일이 다를 수 있기 때문에 모든 실무자에게 똑 같은 업무를 배분할 수는 없다. 여러 가지 요소가 있겠지만 어느 누구든 중요하거나 많은 업무를 한다면 혜택을 주어야 한다. 혜택을 통해서 해당 실무자에게는 동기부여가 되고 다른 실무자에는 자극이 되도록 할 필요가 있다.

만약 아무런 혜택이 없다면 누가 더 많은 일을 하려고 할 것이며 일에 대한 욕심을 가지겠는가. 따라서 전산실 관리자라면 일을 하는 만큼 혜택을 줄 수 있도록 해야 한다. 제 1 원칙에 어긋나지 않는 범위 내에서 어떤 실무자에게 일이 생겼을 때 먼저 하겠다는 의지를 보일 수 있을 만큼 동기부여가 되는 혜택을 줌으로써 일을 할 의욕을 심어주는 것이 조직 발전에도 도움이 된다.

제 3 원칙 : 백업 체계를 항상 생각해야 한다

어떤 일을 맡은 담당자가 자리를 비웠을 때 그 일을 대체할 수 있는 실무자가 있어야 업무가 정상적으로 흘러갈 수 있다. 특히 전산실에서 백업 실무자가 없으면 업무 처리 속도가 지연되고 상황에 따라서는 일의 진행 자체가 불가능한 경우도 있다.

주어진 환경과 업무에 따라 어쩔 수 없는 경우도 있겠지만 전산실 관리자는 항상 백업 체계를 신경 써야 한다. 백업 체계는 곧 리스크(risk)를 관리하겠다는 뜻이다. 시스템의 장비를 Active-Standby로 구성해서 운영 중인 장비에 문제가 생겼을 때 대기 장비로 즉각 대체할 수 있듯이 사람도 Active-Standby 체계로 만들어야 한다.

항상 준비하고 있어야 한다. 나폴레옹은 유배지에 갇혀 있을 때 이렇게 말했다고 한다.

"오늘 나의 불행은 언젠가 내가 잘못 보낸 시간의 보복이다"

전산실 관리자는 언제가 닥칠 시스템 장애나 운영상의 애로사상을 항상 염두에 두어야 한다.

프로 스포츠에서 주전 선수만 잘해서는 강팀이 될 수 없다. 주전 선수가 부상으로 전력에서 빠질 수 있다. 주전 선수가 가용 전력에서 빠지게 되면 백업 선수가 주전 선수를 대신해야 한다. 강팀은 주전 선수와 벤치 멤버의 실력에 큰 차이가 없다. 주전 선수가 빠지더라도 백업 선수가 그 자리를 잘 메운다. 백업 선수도 주전 선수에 버금가는 실력을 가지고 있는 것이다.

강팀의 감독은 주전 선수뿐만 아니라 벤치 멤버의 실력을 상향 평준화하면서 팀 전체를 강하게 만들려고 한다. 주선 선수 몇 사람에게 의존하는 팀이 강팀이 되지 못하는 걸 알고 있기 때문이다.

전산실 관리자 또한 팀의 백업 체계를 잘 만들어서 언제 누가 빠지더라도 시스템 운영에 문제가 없도록 해야 한다.

제 4 원칙 : 어떤 업무라도 한 사람만 할 수 있는 업무는 없다

한 업무를 오래하다 보면 '이 업무는 나 아니면 할 수 없다'라는 생각을 하는 실무자가 간혹 있다. 그 동안 쌓은 노하우로 인해 누구도 내 업무를 대신할 수 없을 거 같은 것이다. 이런 생각을 하는 실무자도 잘못 되었지만 이런 생각을 할 수 있도록 만든 관리자에게도 책임이 있다.

회사에 있는 어떤 업무도 누구 한 사람의 업무가 될 수는 없다. 오랫동안 한 업무를 했다고 실무자 스스로 자만해서 자신의 업무를 무기로 삼으면 안 된다. 관리자는 이런 실무자를 경계함과 동시에 이런 체계를 만들어서는 안 된다. 모든 업무는 회사 중심으로 분배되고 흘러가야 한다.

한 실무자의 의지에 따라 일이 진행된다면 반드시 개선해야 한다. 업무는 조직의 최소 구성 단위인 팀이나 파트 별로 진행되어야 한다. 실무자 한 사람이 안 된다고 해서 진행이 안 된다면 실무자 한 사람에게 휘둘릴 수밖에 없다. 전산실 관리자는 조직원들에게 이런 생각이 심어지지 않도록 평소 업무 분장을 적절히 해서 한 사람만 할 수 있는 업무를 만들지 않도록 해야 한다.

업무 분장은 단순히 업무를 실무자에게 조금씩 나눠준다는 의미만은 아니다. 관리자의 입장에서 업무 분장은 전략적인 방법으로 조직을 이끌 수 있는 수단이다. 실무자에게 일을 통해서 자신의 능력을 펼칠 수 있는 기회가 되도록 해야 한다. 또 업무에 대한 권한과 책임을 줌으로써 일에 대한 동기 부여를 줄 수 있어야 한다. 관리자는 업무 분장을 조직을 잘 이끌어 갈 수 있는 수단으로 삼을 수도 있어야 한다.

역사상 최고의 전략가로 손꼽히는 몽골 칭기즈 칸의 군대가 무적이 될 수 있었던 이유 중 하나는 간편성(Simplicity), 신속성(Speed), 자신감(Self-Confidence)이라는 원칙을 세우고 이 원칙에 따라 군대를 전략적으로 지휘했기 때문이었다. 시스템 운영 전문가라면 자신만의 업무 분장 원칙을 반드시 세워두어야 한다.

결과보다는 과정을

"결과에 대해서는 하늘이 모두 알아서 처리해줄 것이라고 생각하면 마음이 편하다. 그러면 운은 하늘에 맡기고 최선을 다해 도전하게 된다."
- SBI 그룹 회장 기타오 요시타카

어떤 일을 하든지 과정이 있고 결과가 있다. 전산실에서도 시스템 운영을 위한 지속적인 과정이 있고 그에 대한 결과가 있다. 전산실에서 시스템을 개발하고 운영하는 일에 대한 과정과 결과를 두고 어느 것이 더 중요하냐를 생각해 볼 때 전산실 관리자라면 결과보다는 과정을 더 중요하게 생각해야 한다.

왜냐하면 전산실에서 시스템 운영은 지속적인 활동이고 어떤 결과로 일이 끝나는 것이 아니기 때문이다. 당장의 어떤 결과보다는 시스템을 장기적으로 바라보고 지속적으로 운영하는 과정으로 생각해야 한다.

시스템 개발 완료는 시스템 운영의 시작

전산실에서 시스템 개발 완료는 시스템 운영의 시작을 의미한다. 현업의 신규 시스템 개발 요청이 있었고 그 개발이 완료되었다면 개발은 끝났지만 시스템 운영은 이제부터 시작인 셈이다. 만약 시스템 개발은 잘 되었지만 운영이 제대로 되지 않는다면 결론적으로 제대로 된 개발이라고 볼 수 없다.

시스템 개발 과정에서 일단 개발 완료 시점이 있으니까 그 완료 시점을 어떻게든 맞추기 위해서 제대로 된 개발을 하지 않고 급하게 개발을 했다면 운영 과정에서 반드시 오류나 문제점이 나타나기 때문이다. 결과에 해당하는 개발 완료 시점을 제대로 맞추기 위해 좋지 않은 과정을 거쳤을 가능성이 높다.

시스템 개발 과정에서 문제나 이슈가 발생하면 전산실 관리자는 그 상황을 정확히 파악하여 일정을 조율할 수 있어야 한다. 무조건 일정을 맞추라고 강요하면 제대로 된 시스템 개발이 이루어질 수 없다. 일정에 맞춰서 개발을 해야 하는 것이 원칙이지만 상황에 따라서는 일정을 미루더라도 품질 좋은 시스템을 만드는 것이 더 중요하다.

전산실에서는 시스템 개발이 끝이 아니다. 시스템 개발이 완료되면 시스템 운영이 시작되는 것이다. 따라서 시스템 개발이 완료되면 충분한 테스트를 거쳐 시스템 운영에 문제가 없도록 하는 것이 더욱 중요하다.

시스템 개발 과정을 함께하는 전산실 관리자

전산실의 실무자가 시스템 개발을 하다 보면 수많은 프로그램 오류를 경험하게 된다. 어떻게 보면 프로그램 오류 발생 시 오류를 얼마나 빨리 해결하느냐에 따라 시스템 개발 속도가 좌우된다. 실무자마다 오류 해결 방법과 능력은 다르다. 필요하다면 관리자는 실무자가 안고 있는 문제를 함께 풀어 갈 수 있어야 하고 해결해 줄 수 있어야 한다.

가장 좋은 방법은 먼저 시스템 개발 프로세스를 확실하게 잡아주는 것이다. 프로세스 하나만 제대로 잡아도 수많은 오류는 발생조차 하지 않을 수 있다. 전산실 관리자는 시스템 개발 과정에 문제가 있다면 프로세스에 문제가 있는지 검토하고 더 좋은 방법으로 개선할 필요가 있다.

개발 과정을 실무자에게 모두 위임하고 나중에 결과만 보겠다는 자세는 업무를 방임하는 것과 같다. 관리자는 실무자의 개발 과정을 가이드할 수 있어야 한다. 실무자가 개발 과정에서 오류를 포함해 어려운 문제에 직면하면 현업과의 의사 조율이나 프로세스를 변경해서 실무자의 문제를 빠르게 해결해 줄 수 있어야 한다.

또 실무자가 프로그램 개발을 완료했다면 관리자가 프로그램 테스트를 직접 해 봐야 한다. 프로그램 테스트를 통해서 결과를 눈으로 확인해야 한다. 필요하다면 실무자가 개발한 프로그램 소스를 보고 개선도 할 수 있어야 한다.

현업에게 테스트를 의뢰하기 전에 현업의 요구사항에 맞춰서 프로그램 개발이 잘 되었는지 소스를 보면서 내 눈으로 직접 확인도 하고 개발된 프로그램에 대해서도 직접 보고 손으로 두들겨 보면서 파악을 하는 것이다.

좋은 결과를 가져오기 위해서는 좋은 과정이 필요하다. 결과도 좋으면 좋겠지만 그 전에 과정이 먼저다. 좋은 과정 없이 좋은 결과가 나올리 만무하다. 과정이 좋다면 결과가 좋을 확률이 높다. 설사 과정은 좋았는데 결과가 좋지 않더라도 크게 실망할 필요는 없다. 결과가 좋지 못해 성공은 하지 못했더라도 그 과정 속에서 분명 성장은 했을 것이다. 그 결과를 교훈 삼아 더 큰 것을 얻으면 된다. 더 좋은 시스템을 만들기 위한 경험을 쌓았다고 생각하면 된다.

또 과정이 좋았지만 결과가 좋지 않아 시스템 장애가 생기더라도 그 시스템 장애가 꼭 나쁜 것만은 아니다. 시스템 장애를 통해 많은 것을 고민할 수 있고 배웠기 때문이다. 시스템 장애라는 결과에 집중하는 것보다 그 장애를 해결하는 과정에서 더 많은 것을 얻는 것이 중요하다. 그 결과를 겸허히 받아들이고 해결하는 과정을 통해서 더 발전된 시스템을 만들어 가면 된다.

전산실에서 시스템 운영은 과정의 연속이다. 전산실의 시스템은 SI 프로젝트처럼 시스템 개발이 끝나고 인수하면 되는 것이 아니다. 지속적으로 시스템을 운영하고 관리해야 한다. 결과보다는 과정에 더 큰 비중을 두어야 한다. 결과가 좋지 않더라도 과정에 후회가 없다면 결과도 겸허히 받아들일 수 있는 것이다. 결과가 좋지 않더라도 실패를 통해서 배우고 다음에는 반드시 좋은 결과가 나오도록 하면 된다.

시스템 운영 전문가는 결과보다 과정에 더 집중하면서 시스템을 운영해야 한다. 결과에 대해서 자유로울 수는 없지만 과정을 무시한 결과만을 바라봐서는 안 된다. 결과에 집착하기 보다는 과정에 더 신경을 쓰면서 시스템을 운영할 수 있어야 한다.

'진인사대천명(盡人事待天命)'이란 말이 있다. 사람으로써 해야 할 일을 다하고 하늘의 뜻을 기다린다는 뜻이다. 노력한다고 반드시 성공하는 것은 아니지만 노력하면 언젠가는 뜻을 이룰 수 있을 것이다. 시스템 운영을 하면서 결과가 좋지 않다고 너무 낙담할 필요도 없다. 성공하는 사람은 실패를 두려워하지 않는다. 시스템 운영 전문가는 실패를 통해서 개선하고 더 발전된 시스템을 만들어 나가는 사람이다.

실무형 관리자

"일가견이라는 말이 있다.
어떤 분야에 대한 독자적인 경지나 체계를 이룬 견해를 갖췄다는 뜻이다"

어느 조직에나 관리자가 존재한다. 그리고 관리자에게는 그 조직에 맞는 각자의 역할이 주어진다. 전산실에도 관리자가 존재한다. 파트장, 팀장, 부서장, 실장 등 회사에서 부여한 직책을 가진 관리자가 존재한다. 어느 직책이든 관리자는 각자의 주어진 위치에서 해야 할 일들이 있다.

그리고 관리자가 되었다면 실무자와는 또 다른 역할이 주어진다. 환경이 변하면 적응해야 살아 남을 수 있듯이 역할이 변하였다면 그 역할에 맞는 일을 해야 한다. 관리자라고 모두 다 같은 관리자가 아니다. 어떤 관리자는 전문가가 되고 또 어떤 관리자는 존재감이 없어 보이기도 한다. 전문가가 되는 관리자에게는 특징이 있다. 바로 실무를 놓지 않는 것이다. 그들은 실무를 바탕으로 자신만의 확고한 전문 영역을 구축하고 있다.

전산실에서 관리자가 되면 실무를 하지 않아도 된다고 생각하는 사람도 있다. 실제로 실무를 거의 하지 않는 관리자도 많다. 전산실에서 관리자가 되었다는 것이 실무를 하지 않아도 된다는 의미는 아니다. 실무를 할 수 있는 시간의 비중은 줄 수 있겠지만 실무에서 손을 놓아서는 안 된다. 부서의 최종 관리자가 아닌 중간 관리자라면 절대로 실무를 놓아서는 안 된다. 실무를 놓는 것은 장수가 전쟁터에서 무기 없이 싸우는 것과 같다. 장수가 전쟁터에서 말로만 싸울 수는 없다.

실무에서 손을 놓는 것과 잡고 있는 것은 시간이 지날수록 큰 차이를 가져온다. 의사결정과 업무 진행에서 실무를 아는 관리자와 실무를 모르는 관리자의 능력은 당연히 구별된다. 그러나 관리자가 되었다고 해서 실무에서 손을 놓는 경우가 많다. 빠르면 30대 중후반부터 천천히 손을 놓고 40대가 되면 거의 실무를 하지 않는다. 그렇다고 관리에 대한 탁월한 능력이 있는 것도 아니다. 실무를 하면서 관리를 따로 배우거나 해왔던 것이 아니기 때문에 자신이 실무를 하면서 경험한 것과 보고 느낀 것에 의존하면서 관리를 한다. 자신이 경험한 실무가 많지도 않으면서 모든 것을 다 아는 것처럼 이야기한다. 실무자 입장에서 실무를 모르는 관리자와 함께 일하는 것은 답답한 일이다. 실무자의 말을 제대로 이해하지 못해 잘못된 판단을 내릴 확률이 높다. 그런 관리자라면 실무자 입장에서는 차리리 없는 편이 더 낫다.

실무자가 업무를 진행함에 있어 관리자의 의사결정이나 문제 해결 방법을 구할 때 관리자는 적절한 판단을 할 수 있어야 한다. 실무자가 의견을 구하는데 일이 더 늦춰지거나 잘못된 결정을 한다면 실무자는 관리자를 신뢰하지 않을 것이다. 관리자가 아무것도 모르는데 어느 실무자가 의논까지 하면서 의사결정을 하고 싶겠는가?

실무를 잘 모르는 관리자와 일을 하면 실무자가 불필요한 일을 많이 하게 된다. 관리자가 모르는 일에 대해서 많은 시간을 들여서 하나 하나 설명을 해야 하고 관리자가 모르는 것에 대해서 정확한 판단이 어려워서 하지 않아도 될 확인을 많이 해서 보여줘야 된다. 불필요한 관리자로 인해 한번에 처리할 수 있는 일인데 늘어져서 처리 시간이 지연된다. 처리 시간의 지연은 현업과 고객의 피해로 고스란히 이어진다.

실무형 관리자는 진정한 전문가이다

물론 모든 관리자가 실무를 하기는 힘들다. 그리고 조직의 규모와 위치에 따라서는 실무를 하는 것이 맞다고 볼 수도 없다. 하지만 전산실 조직의 최소 단위인 파트장이나 팀장 정도의 중간 관리자라면 반드시 실무형 관리자가 되어야 한다. 실무를 겸비한 중간 관리자로써 상위 관리자에게 실무를 자세하고 정확하게 보고할 수 있어야 한다.

상위 관리자에게 보고할 때마다 실무자를 배석시키고 실무자가 있어야만 제대로 된 답변을 하는 관리자를 볼 수 있다. 이런 관리자는 실무자가 없으면 정확한 보고를 할 수 없다. 실무자가 이야기한 것만 가지고 보고를 하다 보니 질문이 깊어지면 제대로 된 답변이 힘들어진다. 추후 보고가 많아진다. 차라리 실무자가 보고하는 편이 더 낫다. 실무자는 실무도 해야 하고 보고도 해야 한다. 실무자가 실무를 해야 하는데 중간 관리자 서포터를 하는 데 더 많은 시간을 빼앗긴다.

이런 중간 관리자 밑에 있는 실무자들은 매우 힘들 것이다. IT 분야는 한번 실무를 놓으면 다시 잡기가 시간이 지날수록 어려워진다. 따라서 전산실에서 관리자가 되더라도 실무를 놓지 않고 최대한 오래 할 수 있는 방법을 찾아야 한다.

예를 들어 단순한 화면 개발부터 줄여나가고 비즈니스 프로그램은 설계와 분석 위주로 하면서 중요한 프로세스는 직접 할 수도 있어야 한다. 부서장급 이상의 관리자가 아니라면 즉 조직에서 실무를 할 수 없는 위치에 오르기 전까지는 절대로 놓아서는 안 된다.

실무를 하지 않고 말로만 일하고 생색내며 겉으로 보이는 일만 하는 것이 관리자의 역할은 아니다. 적어도 자신만의 견해로 데이터를 자유자재로 볼 수 있어야 하고 데이터 흐름을 통해 업무를 볼 수 있어야 한다. 또한 전체적인 업무 프로세스도 잘 알아서 업무를 추진할 수 있어야 한다.

전산실에서 실무형 관리자는 분명 경쟁력이 있다. 회사 입장에서 실무형 관리자는 비용적으로도 큰 도움이 된다. 왜냐하면 전산실에서 프로젝트를 진행할 때 실무를 잘 아는 관리자가 프로젝트를 리딩하는 것과 실무를 전혀 모르는 관리자가 리딩하는 것에는 큰 차이가 있기 때문이다. 그 차이는 비용으로 연결되고 프로젝트 성공 여부에도 영향을 미친다. 따라서 불필요한 비용이나 손실을 줄일 수 있는 역할도 할 수 있는 셈이다. 실무자가 이야기하는 것보다 힘이 있고 추진할 수 있는 위치가 되기 때문이다.

전산실에서 관리자라면 자신이 담당하는 시스템에서는 리딩 전문(Leading Expert)가가 되어야 한다. 리딩 전문가가 되기 위해서는 당연히 실무를 몰라서는 안 된다. 하지만 관리자가 되어도 실무에 너무 집중해서 관리를 잘 못한다면 이 또한 관리자로서의 자격을 상실한 것이 된다. 실무형 관리자는 관리자이지 실무자는 아니기 때문이다. 주 업무는 관리라는 뜻이다. 관리가 주이고 실무는 관리를 잘 할 수 있도록 받쳐주는 도구인 것이다. 관리를 잘 하기 위한 옵션 중 하나이지 실무가 주가 되어서는 안 된다.

또한 전산실 관리자는 말만 하는 사람이 아니다. 말을 하는 관리자는 말만 한다. 말하는 것이 일하는 것이라고 착각한다. 말만 하는 관리자는 자신이 실무를 하지 않기 때문에 쉽게 말한다. 남이 하는 일은 참 간단히 말하고 막상 자신이 하는 일은 어렵게 말한다. 실무자 입장에서 생각하고 헤아리는 법이 없다.

실무를 겸비하고 관리에 능통한 실무형 관리자가 되도록 해야 한다. 조직에서 자신의 주어진 역할이 무엇인지를 정확하게 알고 자신이 맡은 조직을 이끌어 나갈 수 있어야 한다. 관리자가 자신의 가치를 높일 수 있는 길은 관리하는 업무에서 진정한 전문가가 되는 것이다. 그리고 실무형 관리자가 되어야 진정한 시스템 운영 전문가가 될 수 있다.

시스템 디자이너

"전산실 관리자는 시스템 분석가이자 설계자이어야 한다"

전산실의 주 업무는 기업의 각 업무 담당자가 업무를 하고 고객에게 서비스를 제공하기 위한 전산 시스템을 운영하고 개발하는 것이다. 전산 시스템을 운영하고 개발하는 과정은 보통 이렇다.

업무 담당자나 고객의 요청에 의해 요구사항이 정의되고 그 요구사항이 전산실 담당자에게 전달된다. 그럼 전산실 담당자는 요구사항을 분석하고 분석 결과에 따라서 요구사항을 100% 수용할 수 있는지 아니면 부분적으로만 수용할 수 있는지 그것도 아니면 요구사항에 대해 부분적인 변경이 필요한지를 판단한다. 경우에 따라서는 전산실 자체적으로 개발이 불가능할 수도 있고 비용이 발생할 수도 있기 때문에 분석을 어떻게 하느냐는 매우 중요하다.

이렇게 분석이 끝나면 전산실 담당자는 최종적으로 시스템 개발 요청자와 협의를 하여 요구사항을 확정 짓고 어떻게 개발을 할지 설계를 하게 된다. 시스템 설계는 보통 화면 설계부터 시작해서 비즈니스 로직(logic) 설계, 데이타베이스 ERD 설계가 있고 경우에 따라서는 외부 연동을 위한 인터페이스(Interface) 설계, 배치(Batch) 프로세스 설계 등이 있을 수 있다. 화면에 대한 설계는 현업 담당자가 할 수 있는 부분이기도 하지만 대부분 화면을 넘어서면 오로지 전산실 담당자의 몫이 된다.

물론 요구사항이 간단하다면 분석과 설계라는 절차를 거치지 않고 실무자가 시스템 개발을 바로 할 수도 있다. 이런 정도의 시스템 개발은 전산실 실무자가 한다고 하더라도 전산실 관리자라면 시스템 개발에 대한 분석과 설계를 할 수 있어야 하고 또 꼭 해야 한다.

전산실 관리자가 시스템 개발을 직접 하기란 쉽지 않다. 물론 상황에 따라서 할 수 있겠지만 이 또한 능력이 갖춰졌을 때 이야기이다. 따라서 적어도 시스템 개발에 대한 분석과 설계는 실무자보다 관리자가 더 많이 해야 하고 잘 해야 한다.

관리자가 되었더라도 대부분 실무자 시절이 있었을 것이다. 실무자 때 당연히 시스템 개발을 해 봤을 것이다. 해 보지 않았거나 잘 못했다면 모를까 시스템 개발을 하는 데 애로사항이 생긴다면 그것을 해결하기 위한 시스템 개발 자체보다 시스템 분석과 설계 작업이 더 까다롭고 힘든 적이 분명 있었을 것이다.

시스템 개발 범위의 난이도에 따라 차이는 있겠지만 누군가가 이런 분석과 설계를 명확하게 정의해줘 애로사항을 풀어주고 개발 방향을 잡아준다면 실무자 입장에서는 굉장히 많은 도움이 된다. 실무자는 개발에만 집중할 수 있어 개발 일정에 대한 리스크(risk)도 줄어들고 실력 향상에도 도움이 된다.

시스템 분석가, 전산실 관리자

전산실 관리자라면 운영하는 시스템의 분석가가 되어야 한다. 자신이 관리하는 시스템을 누구보다 잘 알고 있어야 한다. 시스템을 잘 알고 있다면 당연히 정확한 분석이 가능하다. 정확한 분석을 한다는 것은 담당하는 시스템의 업무를 가장 잘 알고 있다는 것이고 그만큼 시스템 개발에 대한 리스크(risk)가 줄어든다.

또 시스템을 전체적으로 바라보고 가장 효율적인 시스템 개발 방향을 잡을 수 있다. 요구사항에 대한 불필요한 요소를 제거하고 최적의 프로세스를 만들 수 있다. 시스템 개발에 대한 분석이 중요한 이유이다. 자신이 담당하고 있는 시스템을 누구보다 잘 알고 정확히 분석해야 한다.

실무자와 관리자의 차이는 여기에 있어야 한다. 단지 직급이 높아서 관리자가 되어 실무자보다 업무도 모르고 분석도 못하면서 시스템 운영을 어떻게 관리하겠다는 것인가? 실무자가 분석하는 것에 대해 말도 안 되고 어디서 들은 논리로 이렇게 저렇게 잔소리하는 것이 관리자의 역할은 아닐 것이다.

기업의 비즈니스 로직(logic) 중 중요한 부분일수록 전산실 관리자는 잘 분석하고 있어야 한다. 시스템 분석은 시스템 설계를 위한 초석이다.

전산실 관리자는 시스템 분석가이어야 한다

시스템 설계자, 전산실 관리자

현업 담당자의 요구사항에 대한 분석이 끝났다면 실질적으로 시스템 개발을 위한 설계를 해야 한다. 건축물을 지을 때 설계를 어떻게 하느냐에 따라서 건물의 가치가 달라진다. 빨간 벽돌로 장식된 서울 강남의 교보 타워와 한남동에 위치한 삼성 리움미술관을 디자인한 세계적인 건축가 마리오 보타(Mario Botta)처럼 전산실 관리자는 시스템 설계를 해야 한다. 마리오 보타가 많은 공을 들여 건축물을 디자인하듯이 전산실 관리자 또한 시스템 개발 사항에 대해서 꼼꼼하고 섬세하게 설계해야 한다.

현업이나 고객이 주는 것은 단지 요구사항이다. 그 요구사항을 위해 시스템을 어떻게 구성할 것인지 고민하고 계획하는 것은 전산실 관리자의 몫이다. 시스템 설계를 어떻게 하느냐에 따라서 시스템 성능과 개발 일정에 차이가 생긴다. 시스템 설계를 잘 하기 위해서는 당연히 시스템 분석이 잘 되어 있어야 한다. 시스템 운영을 함에 있어 전산실 관리자의 가장 중요한 역할은 바로 시스템 설계이다. 시스템 분석이 입력이라면 시스템 설계는 출력이다. 즉 시스템 설계는 분석의 결과물이다. 잘 된 시스템 분석을 통해 훌륭한 시스템 설계가 나온다.

전산실 실무자가 봤을 때 설계가 깔끔할수록 전산실 실무자는 관리자에 대한 실무자의 신뢰가 커진다. 또한 실무자는 부담 없이 개발에 집중할 수 있다. 잘못된 설계로 개발 방향을 잘못 잡아 실무자가 고생하는 경우가 있다. 제대로 된 개발 방향을 잡아주는 것이 관리자의 몫이다. 설사 설계가 잘못되어 개발이 늦어지고 수정된다면 이 부분 또한 관리자가 책임져야 하는 부분이다. 모든 걸 실무자에게 넘겨놓고 결과물만 바라보는 것은 관리자의 역할이 아니다.

폭포수 모델이라는 개발 방법론이 있다. 시스템을 개발하기 위한 프로세스로 요구사항을 분석한 다음 설계하고 개발하고 테스트를 한 후 이행을 하는 순차적인 개발 진행 방식이다. 물론 전산실에서 이런 순서에 따라서 시스템을 개발하는 경우는 거의 없다. 이야기하고자 하는 것은 순서가 아니라 역할이다.

전산실에서 시스템을 개발하고 운영하는 데 관리자가 꼭 해야 하는 역할이 바로 시스템 분석과 설계이다. 모든 시스템 개발 사항에 대해 다 할 수는 없겠지만 중요하고 리스크(risk)가 있는 비지니스 로직에 대해서는 전산실 관리자가 시스템에 대한 분석과 설계를 직접 할 수 있어야 한다.

전산실 관리자는 시스템 설계자이어야 한다

시스템 분석과 설계가 끝난 후 실무자가 시스템 개발에 들어가면 관리자는 실무자가 개발에 집중할 수 있는 환경을 만들어 주어야 한다. 개발 진척 사항에 대해서는 중간 점검을 하고 개발이 끝난 후에는 개발이 설계대로 진행되었는지 관리자가 개발 프로그램 소스를 직접 확인하고 테스트해 보는 것이 좋다.

전산실 관리자는 시스템 개발을 직접 하지 않더라도 시스템 분석과 설계는 자신이 직접 할 수 있어야 한다. 시스템 개발이 잘 되기 위해서는 시스템 분석과 설계가 먼저 잘 이루어져야 하기 때문이다. 시스템 운영 전문가는 자신이 담당하는 시스템에서 가장 뛰어난 시스템 분석가이자 시스템 설계자이다.

인더스트리 스페셜리스트

"스페셜리스트 - 각 업무에 있어서 상당한 커리어를 가진 전문가"

일반 기업에서 전산실은 지원 조직으로 기업의 수익에 직접적인 영향을 미치기보다는 전산 시스템의 지원을 통해 현업 부서에서 수익을 낼 수 있도록 도와주는 부서이다. 지원을 잘 하기 위해서는 IT 기술을 잘 하는 것만으로는 부족하다. 특히 전산실에서 관리자로 근무하고 있다면 이제는 근무하는 기업에서 인더스트리 스페셜리스트(Industry Specialist)가 되어야 한다.

전산실의 인더스트리 스페셜리스트란 전산실에서 다루는 전산 시스템의 핵심 비즈니스를 이해하는 것이다. 핵심 비즈니스란 산업 측면에서 접근하면 이해가 쉽다. 예를 들어 은행권 전산실에서 근무한다면 은행의 주요 업무인 수신 업무, 여신 업무, 전자 금융 업무, 비대면 채널 업무 등에서 인더스트리 스페셜리스트가 되어야 한다.

근무하는 회사에서 현업이 해당 업무의 전산 담당자라고 한다면 바로 본인이 떠오를 수 있어야 한다. 그 분야 전산 업무는 내가 가장 잘 알고 있다는 인식을 줄 수 있을 정도로 잘 알고 있어야 한다. 인더스트리 스페셜리스트가 되기 위해서는 IT 분야에 대한 기술력은 기본이고 해당 기업의 업무를 익히기 위해서도 노력을 해야 한다. 이런 인더스트리 스페셜리스트가 되기 위한 방법 몇 가지를 추천해 본다.

> THE SPECIALIST

스페셜리스트 - 각각의 업무에 있어서 상당한 커리어를 가진 전문가

업무 관련 자격증 취득

먼저, 업무 관련 자격증 취득이다.

회계 업무를 처음 담당할 때였다. 회계에 대한 기본 개념이 부족하니 업무를 할 때마다 답답하고 누가 설명을 해줘도 이해가 잘 되지 않았다. 고민 끝에 기본 개념을 더 정확하게 쌓기 위해 회계 관련 자격증을 취득하였다. 약 1개월 동안 회계 관리 자격증을 공부하면서 회계에 대해 많은 부분을 알게 되었고 업무를 할 때도 많은 도움이 되었다. 아마도 전산실에서 회계 관련 자격증을 취득한 직원은 많지 않을 것이다.

자격증이 있다고 반드시 업무를 잘 한다고는 볼 수 없지만 자격증을 준비하는 동안 회계 업무를 집중적으로 이해할 수 있었기 때문에 업무를 빠르게 익힐 수 있었다. 전산실 관리자라면 전체적인 업무를 이해할 수 있어야 하기 때문에 관련 자격증 취득을 통해서 업무의 기본 개념을 익히는 것도 좋은 방법이라고 생각한다. 이렇게 꼭 IT 관련 자격증이 아니더라도 업무와 관련된 자격증이 필요하다면 취득할 수 있어야 한다.

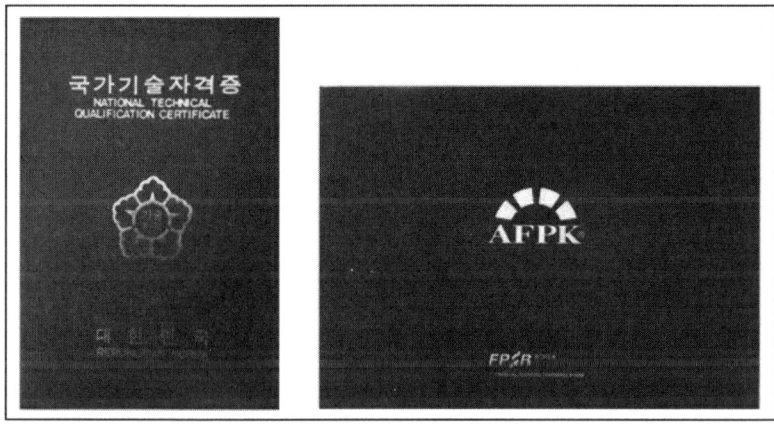

업무 관련 자격증 취득을 통해 인더스트리 스페셜리스트가 될 수 있다

업무 관련 독서

두 번째는 업무 관련 독서이다.

어떤 분야이건 해당 분야에 대표되는 책 몇 권씩은 있다. 회계 업무를 처음 담당할 때는 자격증 취득 뿐만 아니라 회계 관련 책을 10여권 이상 읽어보았다. 수신 업무를 처음 담당할 때는 은행 텔러들이 주로 하는 업무가 무엇인지 궁금해서 실무 교본과 은행 텔러라는 자격증 책을 사서 보았다. 또 전

자 금융 업무를 처음 담당했을 때는 각 업무의 전문 설계서와 업무 규약 및 세칙 등을 금융결제원을 비롯하여 관련 대외 기관에서 찾아보고 없는 것은 요청도 하며 해당 업무를 전반적으로 이해하려고 노력하였다.

업무 관련 독서는 관리자라면 반드시 해야 한다. 시중에 있는 책이 없다면 적어도 업무 관련 규정이나 매뉴얼 등을 봄으로써 전체적인 업무를 이해하고 있어야 한다. 전산실이라고 꼭 프로그램 개발 등 IT와 관련된 책들만 보라는 법은 없다. 또 사실 전산실에서 어느 정도 연차가 되면 프로그램 개발과 관련된 서적을 보는 사람이 많지 않다. IT 관련 서적을 보지 않아도 업무를 하는 데 큰 문제가 없기 때문이다. 그러나 업무와 관련된 서적은 꾸준히 봐야 한다. 업무 관련 독서를 통해서 전문성의 폭을 넓힐 수 있기 때문이다.

현장 방문

마지막으로는 현장 방문이다.

어떤 분야에서 일하든 현장 방문은 필수라고 생각한다. 정확하게 기억나지는 않지만 현장에 모든 답이 있다고 말한 사람도 있다. 누군지 모르겠지만 맞는 말 같다. 실제로 나는 영업점의 창구 방문을 통해서 직원들이 업무를 어떻게 하는지 많이 알 수 있는 계기가 되었다. 한가지 확실한 것은 현장을 통해서 많은 것을 얻을 수 있다는 것이다.

'백문불여일견(百聞不如一見)'이라는 말처럼 전화 통화로 수백 번 듣는 것보다 현장에서 한 번 보는 것이 낫다. 실무자보다 관리자는 더욱 현장 방문이 필요하다. 실무자로써 방문하는 것과 관리자로써 방문하는 것이 바라보면 측면에서 차이가 있기 때문이다.

현장을 이해하는 관리자는 시스템 운영에서 남과 다른 분명한 차별화를 가져온다. 현장을 보고 이해했던 것은 시스템의 사용자 입장에서 생각하게 된다. 시스템을 만드는 사람의 입장에서 편하게 개발하는 것이 아니라 시스템을 사용하는 사람의 입장에서 사용하기 편하게 만드는 것이다. 기회가 된다면 자주 현장을 돌아보는 것이 좋다. 아니 일부러라도 돌아보아야 한다. 현장에서 무슨 일이 벌어지는지 한번 보면 시스템을 운영하는 방법에 대한 생각이 달라진다.

이렇게 자격증과 책 그리고 현장 방문을 통해 인더스트리 스페셜리스트가 되도록 해 보자. 어떤 분야의 전산실에서 근무를 하든지 이 세 가지 방법은 유용하게 사용할 수 있을 것이다.

시스템 운영 전문가가 되기 위해서는 반드시 인더스트리 스페셜리스트가 되기 위한 자신만의 차별화된 노력이 필요하겠다.

'회색 코뿔소(Gray Rhino)'에 집중하는 전산실 관리자

> "우리 주변에서 일어나는 대다수 사건 사고는 어느 날 갑자기 발생하는 것이 아니라 사전에 일련의 경고 신호를 끊임없이 보낸다. 회색 코뿔소는 이런 인간이 자주 놓치는 위험 혹은 보고도 못 본척하는 위기를 말하며, 블랙 스완은 인간의 예측 능력을 벗어난 위기를 의미한다"
> - 미셸 부커

문제를 인정하려 하지 않으면 문제를 해결할 수 없고 더 큰 문제로 이어질 수 있다. 처음 문제가 발생했을 때 적극적으로 해결하려고 노력해야 한다. 전산실에서 시스템을 운영하는 관리자는 시스템 문제가 발생했을 때 문제를 인정하고 관심을 갖고 적극적으로 해결해야 한다. 시스템 장애를 어떻게 마주하느냐에 따라서 문제를 시스템 개선의 주춧돌로 삼을 수도 있다.

어느 전산실에서도 시스템 장애를 완전히 방지하는 것은 솔직히 현실적으로 불가능하다고 생각한다. 하지만 시스템 장애를 통해서 개선을 위한 발판을 확보할 수도 있고 더 좋은 시스템을 만드는 계기가 될 수도 있다. 어떻게 받아들이냐에 따라서 시스템 장애가 꼭 나쁜 것만은 아니다.

일반적으로 사용자들은 시스템이 정상적으로 작동하는 것이 당연하다고 생각한다. 그러나 어느 전산 시스템도 완전히 정상적으로 작동하지 않는다. 다만 정상적으로 작동하도록 노력하고 노력하는 만큼 정상적으로 작동하고 있다고 말하고 싶다. 정상적으로 작동하는 것만으로도 전산실의 기본 임무는 충실히 하고 있는 셈이다.

전산실 관리자는 시스템을 정상적으로 운영하기 위해 시스템 장애에 항상 대비하고 있어야 한다. 그리고 시스템 장애에 대해 블랙 스완처럼 전혀 예측할 수 없는 시스템 장애를 걱정하고 대비하는 것이 아니라 회색 코뿔소처럼 분명히 보이는 위험 신호들을 무시하지 않고 문제를 받아들여 해결함으로써 시스템 장애 위기를 넘길 수 있어야 한다.

회색 코뿔소를 대비하는 관리자는 시스템 장애를 마주하는 일이 줄어든다. 또한 눈앞에 보이는 문제를 성장의 발판으로 삼는 기회까지 만들어 낼 수 있다. 전산실 관리자가 시스템 장애에 대비하는 몇 가지 방법을 이야기해 본다.

프로그램 개발 소스 검토 및 테스트

전산실에서 관리자가 되면 실무자처럼 프로그램 개발을 직접 하기가 쉽지 않다. 관리자가 프로그램 개발을 직접 하지 못하는 것은 어쩔 수 없다고 치더라도 적어도 실무자가 개발한 프로그램 소스를 검토하고 확인할 수는 있어야 한다.

관리자는 실무자가 개발한 프로그램을 확인하면서 변경되거나 신규로 개발된 프로세스를 검토할 수 있고 혹시나 있을 프로그램 오류나 위험 가능성을 확인하고 보완할 수 있다. 또한 프로그램 개발을 직접 할 수는 없지만 프로그램 소스를 검토하는 중에 개발 감각을 잃어버리지 않을 수 있다. 혹시 있을지도 모를 실무자의 공백을 대비할 수 있으므로 전산실 관리자는 실무자가 개발한 프로그램 소스를 면밀히 검토하고 확인해야 한다.

프로그램 개발 소스 검토는 관리자가 업무를 파악하는 방법 중 하나이기도 하다. 전산실에서 운영 중인 시스템의 대부분은 프로그램 소스를 통해 파악할 수 있기 때문이다. 프로그램 소스 파악이 잘 되면 업무의 이해도가 빠르고 업무를 진행함에 있어서 올바른 판단을 내릴 수 있다. 따라서 전산실 관리자는 반드시 개발된 프로그램 소스 검토를 해야 하겠다.

프로그램 개발 소스 검토가 끝났다면 테스트 또한 전산실 관리자의 몫이다. 물론 대부분의 실무자도 테스트를 한다. 하지만 개발을 진행한 실무자 입장에서 하는 테스트와 관리자 입장에서 하는 테스트는 분명 다르다. 마찬가지로 현업 입장에서 하는 테스트 또한 관점의 차이가 분명 있다.

관점은 틀림의 문제가 아니라 다름의 문제이다. 다름의 관점에서 본다면 분명히 더 좋은 시스템이 될 수 있는 계기가 되기 때문이다. 관리자는 실무자와는 다른 관점으로 개발된 프로그램 테스트를 하여 더 향상된 시스템을 만들 수 있다. 실무자가 생각하지 못한 부분이나 놓친 부분을 발견하는 경우가 있을 것이다.

관리자의 테스트는 책임이 따르는 행위이다. 테스트에 대한 관리자의 승인이 있어야 개발된 프로그램을 운영으로 이관할 수 있기 때문이다. 만약 관리자가 테스트를 하지 않고 개발된 프로그램이 운영에 이관이 되고 시스템 장애가 발생했다면 관리자에게도 장애에 대한 책임이 있는 것이다. 프로그램 개발을 실무자가 했다고 해서 실무자에게만 책임을 물어서는 안 된다.

이런 관리자였다면 반성해야 한다. 실무자에게 책임이 없다는 말이 아니라 관리자에게도 책임이 있다는 말이다. 전산실 관리자는 프로그램 개발 소스 검토와 테스트를 통해서 회색 코뿔소에 대해 즉각적으로 대비하는 자세가 필요하겠다.

시스템 모니터링 및 성능 개선

전산실에서 운영 중인 시스템은 끊임없이 변한다. 변경된 수많은 프로그램 개발 소스들이 거의 매일 운영 시스템으로 이행이 된다. 소스 검토를 아무리 잘 하고 테스트를 완벽히 했다고 하더라도 그 모든 행위는 개발 환경에서 이루어진 것이다. 실제 운영 중인 환경에서는 또 다른 문제로 마주할 수 있다.

어느 전산실에서 개발 시스템과 운영 시스템이 동일하다고 말할 수 있을까? 없다. 단연코 없다고 말할 수 있다. 시스템 구성 요소인 OS 서버, WAS, 디스크, CPU, 메모리 외 기타 환경적인 요소들과 사용자 접속량과 처리량, 데이터의 차이 등이 있을 수 있다. 운영 환경과 최대한 동일하게 유지하려고 하지만 그래도 차이는 분명히 있다. 전산실 관리자는 운영 중인 시스템을 항상 모니터링하고 성능을 개선할 수 있도록 신경을 써야 한다. 시스템 모니터링 대상에는 어플리케이션, 배치, 서버 등이 있을 수 있다.

어플리케이션 모니터링에는 APM(Application Performance Management) 제품이 많기 때문에 모니터링에 많은 도움을 받을 수 있다. 어플리케이션 모니터링을 통해 튜닝 대상 쿼리를 찾을 수 있고 시스템의 처리 상황을 실시간으로 확인할 수 있기 때문에 시스템을 개선하는 데 많은 도움을 받을 수 있다.

특정 업무 처리에서 과부하가 걸리면 전체 시스템에 영향을 줄 수 있다. 따라서 전산실 관리자는 처리가 빈번히 일어나거나 처리 속도가 오래 걸리는 거래에 대해서 SQL 튜닝 및 데이터 관리를 통해 반드시 개선할 수 있도록 해야 하겠다.

SQL 튜닝이 꼭 쿼리 자체에 대한 속도의 튜닝만 말하는 것은 아니다. 쿼리 자체에 대한 튜닝은 기본이고 실행계획에 대한 변경과 인덱스 추가와 힌트 사용, 테이블 변경 및 데이터 관리 등의 넓은 의미로도 볼 수 있다.

또한 실행 중인 세션 상태에 대한 락(Lock) 대기나 대기 시간 등을 조정할 수 있어야 한다. 수행 중인 쿼리에 락이 걸렸을 때 무한정 대기를 한다면 시스템에 영향을 주기 때문에 응답 시간에 대한 조정이 필요하다.

배치 모니터링은 실시간으로 확인하기 어렵기 때문에 문제가 발생했을 때 즉각적으로 알 수 있는 방안을 고민해봐야 한다. 오류 발생 시 문자 발송을 통한 인지와 문제 발생 후 대책 방안 등을 고민하여 문제가 발생하더라도 즉각적인 조치가 될 수 있는 프로세스를 만들어야 하겠다.

배치 처리는 대부분 대량의 데이터를 처리하기 때문에 문제가 발생하면 한 번에 많은 거래 건에 대해 문제가 발생할 수 있다. 따라서 전산실 관리자는 배치 모니터링과 성능 개선에 신경을 써야 한다. 배치 성능 개선에는 쿼리 튜닝 외 시스템의 처리에 영향을 줄 수 있는 스레드(Thread) 개수나 인터벌 시간, Fetch 건수 설정, DB 입출력 방식, 로그 레벨 등에 대해서도 각 전산실에서 운영 중인 환경에 맞춰 고민을 해볼 수 있다. 배치는 대량의 데이터를 정확하고 정해진 시간에 정상적으로 처리하는 것이 중요하다. 따라서 배치는 꾸준한 모니터링을 통해 처리 데이터의 양에 따라 시간을 분산하고 조정할 수 있어야 한다.

서버 모니터링에서는 CPU, 메모리, 디스크 등과 같은 자원의 사용률을 점검하고 대응해야 하겠다. 전산실 관리자는 CPU를 과도하게 사용하고 있는 프로세스가 있는지, 메모리나 디스크 공간은 부족하지 않은지 등을 수시로 점검하고 대비해야 한다.

서버 모니터링 보고를 전산실 관리자는 실무자나 엔지니어로부터 꾸준히 받아야 한다. 엔지니어가 사후 대응에 능해야 한다면 전산실 관리자는 사전 대응에 능해야 한다.

지속적인 모니터링을 통해 문제점을 사전에 예측하고 미리 예방해야 하는 것이 전산실 관리자가 해야 할 일이다. 회색 코뿔소가 눈앞에 보이는데 해결하지 않는다면 언젠가는 블랙 스완을 마주할 수 있다. 전산실 관리자는 항상 회색 코뿔소에 대해 모니터링하고 블랙 스완이 오기 전에 제거할 수 있어야 한다.

업무 프로세스 및 프로그램 소스 최적화

업무 프로세스와 복잡한 프로그램 소스를 최적화하는 것은 전산실 관리자의 고유 능력이다. 이 부분에 대해서는 어떤 툴이나 장비를 통해서 제공 받는 것이 없다. 또 그만큼 쉽게 할 수 있는 사항도 아니며 설사 최적화를 하였다고 하더라도 눈에 잘 보이지 않는다. 그러나 이 부분이 전산실 관리자가 할 수 있는 가장 큰 일이다.

업무 프로세스를 무조건 단순화하자는 의미가 아니라 복잡하고 어려운 부분을 최적화하여 쉽게 접근할 수 있고 프로그램 변경을 용이하게 할 수 있도록 해야 한다. 어떤 프로그램이 너무 복잡하여 도저히 손을 댈 수 없는 정도이거나 어느 실무자도 수정하기 힘들다면 이미 시스템 운영에 위험 부담을 안고 있는 것이기 때문이다.

프로그램을 처음 개발할 때부터 업무 프로세스를 잘 잡고 프로그램 소스를 최적화할 수 있도록 관리자가 신경을 써야 한다. 전산실에서 운영하는 시스템이 당연히 정상적으로 작동하는 것은 아니지만 그것은 우리의 할 일을 다 한 후에 할 수 있는 말이다. 위험이 감지되었는데 그 존재를 부정해서는 안 된다. 특히 전산실 관리자라면 운영하는 시스템에서 발생할 수 있는 위험들을 포착하고 위험을 해결하는 사람이 되어야 한다.

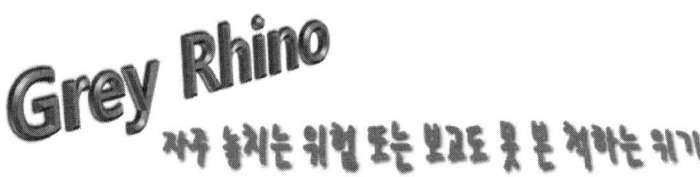

블랙 스완 - 인간의 예측 능력을 벗어난 위기

회색 코뿔소 - 자주 놓치는 위험 또는 보고도 못 본 척하는 위기

회색 코뿔소가 멀리서 보일 때 피해야 한다. 가까이 왔을 때는 피하기 어렵다. 보일 때 빠르게 대응해야 한다. 시스템 운영 전문가라면 시스템 장애에 대비하는 자신만의 대책을 가지고 있어야 한다. 이는 하루 아침에 이루어지지 않는다. 평소 꾸준한 검토와 모니터링 그리고 개선을 통해 시스템을 최적화할 수 있도록 준비해야 한다.

블랙 스완을 대비하기란 쉽지 않다. 물론 블랙 스완 같은 전혀 예측하지 못한 시스템 장애에 대해서도 대비해야겠지만 회색 코뿔소에 집중한다면 블랙 스완에 대해서도 어느 정도 대비가 가능하다. 시스템 운영 전문가는 먼저 눈에 보이는 위험 요소들부터 해결할 수 있어야 한다.

전산실 프로젝트

"프로젝트 - 정해진 기간 동안 적절한 자원을 투입해서 원하는 목표를 이루어 내는 일"

전산실의 주 업무는 시스템 운영과 개발이라고 할 수 있다. 이외에도 많은 일들이 있지만 그중에서 비중이 가장 큰 일은 아마도 전산실에서 진행하는 프로젝트일 것이다. IT 업계에서 프로젝트는 주로 고객 요청에 의해 SI 기업에서 시스템 개발을 하는 것을 말한다. 고객이 SI 기업에게 비용을 지불하고 시스템 개발을 의뢰하는 것이다.

전산실에서도 프로젝트를 한다. 전산실의 프로젝트는 SI 기업의 프로젝트와 조금 다르다. 프로젝트의 범위나 진행 방식에 따라서 전산실의 기본 업무인 시스템 개발과 운영을 병행하면서 진행하는 경우가 있다. 전산실에서 운영 중인 시스템과 연동을 하거나 고도화를 하는 등 운영 중인 시스템의 변경이나 개발이 필요한 프로젝트라면 기존 업무와 병행해야 하는 것이다.

또 프로젝트의 범위에 따라서 기존 전산실 인력만으로 진행하는 프로젝트가 될 수도 있고 프로젝트를 수행하는 SI 기업의 인력과 함께 진행하는 프로젝트가 될 수도 있다. 어떤 방식이든 프로젝트가 잘못되면 기존에 운영 중인 시스템에 영향을 미칠 수 있다. 따라서 전산실에서 이런 프로젝트를 수행할 때 관리자가 고려해야 할 사항들이 몇 가지 있다.

전산실 프로젝트에서 고려해야 할 사항은?

프로그램 소스 관리

전산실 프로젝트는 SI 프로젝트와 달리 운영 중인 시스템은 정상적으로 운영되는 상황을 전제로 진행된다. 프로젝트의 범위에 따라서 다르겠지만 운영 중인 시스템의 변경과 추가는 지속적으로 계속 되면서 프로젝트 또한 별도로 이루어지면 프로그램 소스 관리에 대한 이슈가 발생한다. 형상 관리 툴을 이용해서 버전 관리가 가능하지만 한계가 분명이 있기 마련이다.

프로젝트 오픈 시점 일정 기간 전에는 프로젝트 관련 업무에 대한 변경 및 추가를 제한하는 것이 가장 좋겠지만 이런 상황이 가능하지 않다면 프로그램 소스에 대한 형상 관리 대책을 별도로 세워야 한다.

프로그램 소스 관리를 소홀히 하면 프로젝트 오픈 후 기존에 운영 중인 시스템에서도 오류가 발생하고 프로젝트 또한 정상적으로 오픈되지 않는 상황이 발생할 수 있다. 따라서 전산실 관리자는 프로그램 소스 관리에 대한 대비를 해야 하겠다.

일정 관리

프로젝트는 일정이 정해져 있는 일이다. 정해진 일정 동안에 무엇을 하겠다는 목표를 수행하는 것이 프로젝트의 목적일 것이다. 관리자라면 일정 관리는 자주 하는 것이 좋다. 일정 관리 단위가 짧을수록 프로젝트 완료 일정을 맞출 확률이 높아진다.

일 단위로 일정 관리를 하면 매일 진척 상황을 체크하여 진행 상황에 문제가 더 커지기 전에 조치할 수 있기 때문이다. 전산실에서 운영 중인 기존 시스템에서도 프로젝트 진행 여부와는 상관없이 반드시 지켜야 할 일정이 있기 때문에 전산실 관리자는 프로젝트 외에도 운영 중인 시스템에서 발생하는 일정에 대해서도 소홀함이 없이 챙겨야 한다.

전산실의 주 업무가 시스템 운영이라는 점을 잊지 말아야 하는데 갑작스럽게 발생하는 시스템 장애 등으로 인해서 프로젝트 일정이 영향을 받을 수 있다. 따라서 시스템 운영에 더 신경을 써야 한다. 또한 프로젝트 기간 중에는 기존 시스템 운영과 개발에 대한 요청 사항을 제한하거나 요청을 받더라도 실제 진행 일정을 미루는 것이 현실적이다.

급히 처리해야 하는 장애 상황이 아니라면 프로젝트에 먼저 인력을 투입하여 프로젝트를 일정 내에 정상적으로 마칠 수 있도록 하는 것이 현명한 선택이다. 프로젝트는 비용과 시간의 제한이 있기 때문에 프로젝트 기간만큼은 기존 시스템 운영보다 프로젝트에 더 높은 우선순위를 두어야 한다.

프로젝트가 정상적으로 완료되지 않으면 기존 시스템을 운영하면서 프로젝트 안정화에도 힘을 써야 하므로 더 힘든 상황이 발생할 수 있다. 따라서 전산실 관리자는 일정을 꼼꼼히 관리하여 프로젝트를 진행해야 하겠다.

프로젝트 수행사와의 소통

전산실에서 프로젝트를 진행할 때는 전산실 자체적으로 프로젝트를 진행하는 경우 외에도 SI 업체와 함께 프로젝트를 진행하는 경우도 있다. 후자의 경우에는 프로젝트 수행사와의 의사소통이 중요하다.

전산실 관리자는 프로젝트 수행사의 업무 범위와 프로젝트 진행 상황을 수시로 확인해야 한다. 프로젝트 수행사가 담당한 일의 완성도를 높이는 것은 전산실 관리자의 몫이다. 전산실 관리자가 얼마나 많이 신경 쓰고 확인하냐에 따라 프로젝트 완성도가 달라진다. 프로젝트 수행사와 의사소통을 자주 해서 프로젝트의 방향을 잡아가야 하는 것이 관리자의 몫이다. 수행사가 놓칠 수 있는 부분이 분명히 있기 때문에 관리자가 이를 챙겨야 한다.

전산실 내부의 업무 협조

전산실에 근무하는 모든 실무자가 프로젝트에 관련되어 있지 않을 수도 있다. 차세대 프로젝트와 같이 규모가 큰 프로젝트라면 전산실에서 근무하는 모든 실무자가 관련이 있겠지만 그렇지 않은 프로젝트의 경우에는 관련 업무 담당자만 프로젝트를 진행할 수 있다. 그렇더라도 프로젝트 진행 중에 다른 업무 담당자에게 업무 협조를 구할 경우가 있다. 하나부터 열까지 프로젝트를 담당하는 업무에서 모두 처리하지 못한다.

예를 들어 서버, 네트워크, DB 등 인프라에 관련된 업무 협조도 필요하고 다른 업무의 인터페이스 등을 통해서 정보를 제공받아야 하는 경우도 있다. 업무 협조를 구할 때는 반드시 사전에 협의가 되어야 하고 일정 등을 공유해야 한다. 다른 업무 담당자와의 협의 없이 프로젝트 담당자가 일방적으로 결정하거나 일정을 통보한다면 제대로 된 업무 협조를 얻지 못하고 타 업무 담당자와 마찰이 생길 수 있다. 프로젝트 진행이 바쁘고 힘들겠지만 다른 업무 담당자도 일정이 있기 때문에 상대방에 대한 배려가 필요하다. 자신이 하는 일이 가장 중요하고 가장 급하다고 생각하면 안 된다. 상호 배려가 있을 때 내부 업무 협조가 수월하게 진행될 수 있다.

충분한 테스트

시스템을 개발하고 운영할 때도 마찬가지이겠지만 프로젝트를 할 때는 더욱더 테스트를 철저히 해야 한다. 차세대 프로젝트를 하더라도 개발 기간과 별도로 테스트 기간이 있다. 테스트도 단위 테스트와 통합 테스트로 구분되며 몇 차례에 걸쳐서 진행된다. 전산실 내부에서 진행하는 모든 프로젝트 또한 마찬가지이다. 프로젝트와 관련된 모든 업무에 대해서 충분한 테스트가 이루어진 후에 프로젝트를 오픈해야 한다.

전산실에서 프로젝트를 진행하는 담당자는 모든 테스트가 제대로 이루어졌는지를 꼭 확인해야 한다. 전산실 내부의 다른 업무 담당자에게 업무 협조를 구해야 한다면 프로젝트 담당자가 사전에 반드시 테스트 결과를 챙겨서 프로젝트 진행에 무리가 없도록 해야 한다. 다른 업무 담당자의 일이라고 신경을 쓰지 않거나 문제가 발생했다고 해서 책임을 돌려서는 안 된다.

시스템 개발의 테스트 결과는 어느 한쪽에 있는 것이 아니다. 요청자는 업무 요청 건을 정확하게 전달하고 테스트도 잘 해줘야 한다. 요청만 하면 끝이고 개발 후 발생하는 오류가 개발 실무자에게 모두 있다고 생각하면 안 된다. 실무자가 모든 오류 상황을 예상할 수도 없고 테스트할 수도 없다. 프로젝트 담당자와 함께 테스트하면서 오류를 잡아 내는 것이 더 효율적이고 프로젝트를 성공적으로 수행하는 길이다.

오류가 발생했다고 해서 개발한 실무자의 문제라고 생각하는 것은 책임을 미루는 처사다. 이는 프로젝트뿐만 아니라 전산실에서 시스템을 개발하고 운영할 때도 마찬가지이다. 시스템 개발 테스트의 완성도는 요청자와 실무자의 관심 정도에 달려 있다.

전산실 관리자는 이외에도 현업의 이해를 구하는 노력도 해야 한다. 프로젝트를 회사 차원에서 진행하고 있다면 운영 중인 시스템에서 발생하는 급하지 않은 변경이나 추가 사항에 대해서는 프로젝트 종료 후에 진행될 수 있도록 유도해야 한다.

운영 업무에 대한 부담을 덜어주면 실무자의 고통을 줄일 수 있고 프로젝트의 성공 확률도 높일 수 있다. 관리자의 능력에 따라서 프로젝트는 성공할 수도 있고 실패할 수도 있다.

전산실에서 프로젝트는 결코 쉽지 않는 일이다. 시스템 운영은 운영대로 하면서 별도로 해야 하기 때문이다. 하지만 이왕 해야 할 일이라면 시스템 운영과 프로젝트를 동시에 잘 할 수 있는 방법을 고민해야 한다. 시스템 운영 전문가라면 전산실에서 진행하는 프로젝트에서도 탁월한 능력을 발휘할 수 있어야 한다.

에피소드 - 현업 응대

고객 만족 센터를 직접 방문하여 상담원들과 회의할 때의 일이다. 상담원들이 불만 사항을 토로했다. 문의 사항에 대해서 그럴 일 없다고 하지 말고 확인해줬으면 좋겠다고 하고, 전화를 하면 잘 좀 받았으면 하고, 점심시간에도 응대가 좀 되었으면 좋겠다고 하고, 메신저에 자리 비움이 너무 많아 연락을 할 수 없다고 하였다. 곰곰이 생각해 보니 상담원들의 불만도 이해가 되지만 나의 입장에서도 억울한 면이 있었다. 하지만 상담원들의 불만을 해소할 필요가 있고 적극적인 대처 또한 필요해 방문 후 메신저 대화명을 통해 고객 응대 시리즈를 발표했다.

"콜 센터 상담원 여러분, 그럴 일 있으니 제가 한번 확인해 보겠습니다!"

"콜 센터 상담원 여러분, 점심 시간에도 업무 응대가 가능합니다!"

"콜 센터 상담원 여러분, 자리 비움 시에는 휴대폰으로 연락주세요!"

메신저 대화명을 본 상담원들은 웃기다고 하였지만 실제로 한번 더 확인해서 자세히 답변해 주고, 휴대폰으로도 응대를 받고, 점심 시간에도 응대를 해 주니 응대에 대한 불만이 사라졌다. 하지만 실제로 이렇게 응대한 경우는 생각보다 많지 않았다. 생각해 보니 급할 때 몇 번 제대로 된 응대가 되지 않았을 때 불만이 커졌던 거 같았다. 반대로 급할 때 몇 번 제대로 된 응대가 된다면 불만이 칭찬으로 바뀌는 걸 느꼈다.

에피소드 - 업무 우선순위

실무자가 프로그램 개발을 한창 하던 중이다. 이런 진행 상태라면 실무자의 예정대로 일이 마무리가 될 수 있을 거 같았다. 이번 일이 마무리되면 다음으로 예정된 일정에 따라 일을 진행할 생각을 하던 중 관리자가 새로운 시스템 개발 사항에 대한 업무 지시를 한다. 업무 지시를 다 듣던 실무자가 묻고 관리자가 답한다.

"언제까지 하면 되나요?"

"지금 뭐 하고 있지?"

"A건으로 진행하고 있고 마무리가 되는대로 B건을 진행할 예정입니다."

"지금 하고 있는 일은 일정에 지장 없나?"

"네, 특별한 문제없습니다."

"음, 그럼 하던 일은 일정대로 하고 지금 내가 이야기 한 일은 최우선적으로 해"

"..."

전산실에서 근무하고 있다면 아마도 누구나 다 겪고 있는 현실일 것이다. 그래도 파이팅! 힘내자.

에피소드 - 파트 운영 원칙(1/2)

회사마다 회사를 운영하는 경영 방침이 있고 조직마다 조직을 운영하는 운영 방안이 있다. 조직을 이끌기 위해서는 이런 기준과 원칙이 있어야 한다. 그래야 조직을 이끄는 관리자나 구성원들이 그 기준과 원칙에 따라 방향을 잡아서 일을 진행할 수 있다. 내가 전산실에서 담당하는 파트에는 몇 가지 운영 원칙이 있다.

1. 우리는 장애 없는 안정적인 시스템을 운영해야 합니다.

2. 일정 지연이 예상이 될 경우에는 반드시 사전에 보고가 되어야 합니다. 구체적인 이유와 함께 현업에게 양해도 구해야 하고 다른 일정들의 영향도를 생각할 수 있어야 합니다.

3. 주간 보고는 당일 주간 보고 몇 시간 전에 작성하는 것이 아닙니다. 평소 보고해야 할 사항을 최대한 자세히 누락 없이 작성해야 합니다. 작성한 내용을 보면 신경을 쓴 보고서인지 아닌지 알 수 있습니다.

4. 우리 파트에서 나의 일과 남의 일의 구분이 없습니다. 우리 파트에서 발생하는 일은 모두 나의 일이라고 생각하고 어떤 일이든 함께 일하는 구조와 분위기를 위한 업무 분장이 되도록 하겠습니다.

5. 지각 자체보다 지각에 대한 태도가 더 중요합니다. 누구나 늦을 수 있지만 그것에 대해서 어떻게 행동하느냐를 더 중요하게 생각합니다.

6. 혼자만 하는 인사는 인사가 아닙니다. 상대방이 받는 인사를 합시다. 인사는 직장 생활에서 기본 중에 기본입니다.

에피소드 - 파트 운영 원칙(2/2)

7. 일을 진행함에 있어 능력보다는 태도를 더 중요하게 생각하며 결과보다는 과정이 더 중요합니다. 능력보다 그 과정에 대한 태도가 좋으면 결과가 좋지 않더라도 상관없습니다. 능력은 시간이 지나면서 보완할 수 있지만 태도는 쉽게 보완할 수 없습니다. 기본과 태도에 더 신경을 써 주시기 바랍니다.

8. 파트가 잘 되야 자기 자신이 잘 됩니다. 다 같이 잘할 수 있도록 서로 서로 도우며 일합시다.

9. 한번 결정된 사항에 대해서는 다소 불만이 있더라도 일단 따라주시길 바랍니다. 조직이 다수결에 따라서는 운영될 수 없습니다. 추후 진행을 하다가 불필요하거나 불합리하다고 생각되는 부분은 수정하거나 철회하도록 하겠습니다.

10. 자신이 하는 일에 대해서는 최대한 자세히 보고해 주시기 바랍니다. 제가 하는 일 중에 하나가 파트에서 진행하는 일을 상사에게 보고하는 것입니다. 저는 파트에서 일어나는 어떤 일이든 누락 없이 최대한 보고를 하려 합니다. 본인이 하는 일을 어필해 주시기 바랍니다.

어떤 조직에 원칙과 기준이 없다면 관리자의 개인적인 성향에 따라 조직이 움직인다고 볼 수 있기 때문에 비합리적인 요소들이 많이 존재할 수 있다. 그래서 아무리 작은 조직이라도 조직을 운영하는 기준과 원칙이 필요하다. 관리자는 그 원칙과 기준을 반드시 공유해야 하고 그 기준과 원칙에 따라 구성원을 이끌어 갈 수 있어야 한다. 구성원 모두가 공유된 기준과 원칙에 따라 판단할 수 있어야 조직이 앞으로 나갈 힘을 갖게 된다.

에피소드 - 업무 파악

전산실에서도 많은 프로젝트를 진행한다. 프로젝트들 중 가장 크고 프로젝트의 꽃(?)이라고 할 수 있는 것이 있다면 차세대 프로젝트일 것이다. 차세대 프로젝트 오픈을 앞두고 업무가 변경된 적이 있었다. 그 동안 잘 해왔던 업무에서 전혀 다른 업무를 담당해야 해서 심적 부담이 컸다. 나름대로 해왔던 업무에서 전문성을 가지고 있었다고 생각해서 업무 변경을 받아들이기가 처음에는 힘들었지만 어차피 내가 해야 할 일이라면 하루라도 빨리 업무를 익히자고 마음을 바꾸었다. 그리고 프로젝트 오픈을 하고 며칠 후, 나는 현장 방문을 통해서 업무를 파악하려 했다.

현장의 문제점이 무엇인지 업무는 어떻게 하는지 직접 듣고 보기 위해 지점을 방문했다. 지점에서는 호랑이 굴에 제 발로 찾아온 나에게 기다렸다는 듯이 현재 전산의 문제점에 대해서 낫낫이 이야기하고 보여주었다. 지점의 책임자는 차세대 프로젝트는 왜 해서 이렇게 힘들게 하냐고 하소연하였다. 자리가 편하지는 않았지만 현장의 어려운 목소리를 아주 생생히 들을 수 있는 기회였다. 또한 업무가 어떻게 흘러가는지 몸으로 확실히 느낄 수 있었다. 고객의 불만 소리도 들을 수 있었고 직원들의 어려움도 들을 수 있었다. 전화기 넘어로 대화만 했다면 결코 몸에 와 닿지 않았을 것이다.

듣는 것보다 보는 것이 구체적으로 와닿는다. 눈으로 보다 보면 굳이 말로 듣지 않아도 알아 들는 효과가 있다. 때로는 듣는 것보다 더 많은 것을 깨달을 수 있다. 힘들고 어려운 길이었지만 몇 번 찾아간 다음부터 내가 무엇을 해야 하는지를 확실히 알게 된 계기가 되었고 업무 파악을 함에 있어서도 눈으로 보고 몸으로 느낀 것이 많은 도움이 되었다.

세 번째 이야기 · 전산실에서 일하고 있다면

-
-
-

어디에서 무슨 일을 하든지 일을 하는 이유와 목적이 있다. 각자 자신이 선택한 직업에 대해서 꿈과 희망을 가지고 오늘도 열심히 일을 한다. 어쩔 수 없이 선택한 직업이라고 할지라도 지금보다는 조금 더 나은 환경과 근무 조건을 바라고 때로는 직업 자체를 바꾸기도 할 것이다. 수많은 IT 분야에서 전산실이라는 곳을 선택한 모든 전산실 근무자들 또한 더 좋은 환경과 근무 조건을 바라는 건 마찬가지이다.

한때는 IT 분야에서 일하는 것을 기피할 정도로 IT에 대한 인식이 좋지 않았다. 야근과 주말 출근에 기계 같은 업무 처리를 요구하는 분위기에 많은 사람이 취업을 꺼리고 많은 사람이 떠났다. 이제는 우리가 스스로 바꾸어야 한다. 전산실이 IT 업종 중 가장 일하고 싶은 곳이며, 가장 일하고 싶은 환경을 갖추고 있다는 인식을 우리 스스로도 만들어 가야 한다. 누가 해주길 바라기보다 우리 스스로 만들어가는 것이 먼저다. 자부심을 가지고 우리가 하는 일에 대해서 자신 있게 말할 수 있어야 한다. 언젠가는 전산실이 IT 업종에서 가장 근무하고 싶은 곳이 되길 희망해 본다.

시스템 운영 전문가가 되자

"지금 하는 일에서 최고의 전문가가 되어라"

전산실의 주된 목적은 기업이 비즈니스를 하기 위한 전산 시스템을 안정적으로 운영하는 것이다. 전산 시스템을 안정적으로 운영함으로써 기업의 비즈니스가 문제 없이 흘러가게 하는 것이 우리들이 전산실에서 부여 받은 임무이다.

기업의 비즈니스가 잘 되기 위해서 우리는 시스템을 누구보다 더 잘 운영할 수 있는 역량과 능력을 가져야 한다. 따라서 전산실에서 근무한다면 어떤 업무를 담당하든지 담당하는 그 자리에서 최고의 시스템 운영 전문가가 되어야 한다.

우리는 자신이 담당하는 업무에서 시스템 운영 전문가가 된다 라는 목표를 가지고 자신만의 경쟁력을 갖춰서 차별화를 확보할 수 있어야 한다. 내 몸값은 나 스스로 높이는 것이지 누가 높여주는 것도 아니고 때가 되면 알아서 높아지는 것도 아니다. 업무는 언제든지 바뀔 수 있고 항상 같은 자리에서 같은 일만 언제까지 할 수만은 없다. 끊임없이 변화하는 환경에 대응해야 하고 꾸준히 실력을 쌓아 전산실에서 꼭 필요한 인재가 되도록 노력해야 한다.

YOU ARE THE BEST

시스템 운영에서 최고의 전문가가 되어야 한다

나는 전산실에서 시스템 운영 전문가를 꿈꾼다. 어느 업무를 담당하든지 어떤 일을 하든지 내가 담당하는 시스템에서는 최고의 운영 전문가가 되는 것이 내가 전산실에서 꿈꾸는 목표이다. 실무자이건 관리자이건 내 위치에서 할 수 있는 일에 최고의 역량을 갖출 수 있다면 나는 시스템 운영 전문가가 될 수 있다고 확신한다. 지금까지 이 책에서 말했던 것 중 시스템 운영 전문가가 되기 위해 갖추어야 할 것들을 한번 더 살펴보자.

차별화가 되는 업무 일지 작성

가장 먼저는 업무 일지를 작성하는 것이다.

전산실에서 실무자로 일한다면 더더욱 해야 할 일이며 관리자 또한 마찬가지이다. 앞에서 말했듯이 업무 일지에는 일정 관리, 고객 응대, 시스템 운영 등이 있다. 그 밖에 자신의 상황에 맞춰서 작성할 필요가 있는 항목을 추가해서 기록하면 된다.

업무 일지는 추후에 운영 및 업무 매뉴얼을 작성하는 데도 활용되고 인수인계 시에도 유용하게 쓸 수 있다. 또한 시스템 운영 전문가가 되기 위해서는 최신 버전의 시스템 운영 매뉴얼을 가지고 있어야 한다. 시스템 운영 매뉴얼은 자신만의 든든한 무기이다. 그 시작은 업무 일지이다. 업무 일지를 꾸준히 작성해야 한다.

시스템 운영 매뉴얼은 한번 만들어 두고 보지 않는 문서가 아니어야 한다. 머릿속에만 있는 노하우를 문서로 만들어 두고 꾸준히 업데이트해야 한다. 형식적으로 만들어지는 문서가 되어서도 안 된다. 실질적으로 업무에 도움이 되고 현업의 응대에 필요한 문서이어야 한다.

또한 업무 담당자에 공백이 생겼을 때 다른 담당자가 시스템 운영 매뉴얼을 통해서 빠른 업무 수행이 가능하게 할 수 있고 업무 담당자가 변경되었을 때도 신속한 인수인계가 이루어질 수 있는 수단이 될 수 있다.

시스템 운영 매뉴얼은 하루 아침에 만들어지지 않는다. 시스템이 꾸준히 변하듯이 시스템 운영 매뉴얼도 지속적으로 업데이트되어야 한다. 시스템 운영 매뉴얼 또한 여러분을 시스템 운영 전문가로 만들 수 있는 확실한 차별화 및 경쟁력 요소이다. 시스템 운영 매뉴얼을 통해서 사소한 부분까지 챙길 수 있다. 기록된 것을 통해서 기억할 수 있는 것이 많다. 지금부터라도 만들어 보자.

꾸준한 시스템 개선

두 번째는 전산 시스템을 꾸준히 개선하는 것이다.

전산 시스템의 품질이 전산실에서는 서비스이다. 끊임없이 변경되는 시스템에서 최상의 품질을 유지할 수 있어야 한다. 또한 시스템 개선은 사후(After)가 아니라 사전(Before)에 이루어져야 한다. 애프터 서비스보다는 비포 서비스로 시스템을 꾸준히 개선할 수 있어야 한다.

시스템 개선을 잘 하기 위해서는 당연히 담당하는 시스템을 잘 알아야 한다. 시스템을 잘 알기 위해서는 시스템을 꾸준히 분석해 보아야 한다. 분석한 내용을 토대로 최적의 시스템을 설계해서 시스템을 개선해야 한다. 현업의 특별한 시스템 개발 요청이 있지 않더라도 구체적인 계획을 세워서 시스템을 전체적으로 바라볼 수 있는 시간을 가져야 한다. 프로그램 소스를 지속적으로 보면서 분석을 해야 개선할 부분을 찾아낼 수 있다.

앞서 말했듯이 현업의 요청에 의해서 개선하는 것과 전산실 담당자가 스스로 나서서 개선하는 것에는 큰 차이가 있다. 전자는 수동적이고 후자는 능동적인 행동이다. 어차피 해야 할 일이라면, 아니 하지 않아도 될 일이라도 굳이 해 보는 습관을 들여야 한다.

능동적인 자세로 시스템을 끊임없이 분석하고 개선하는 것은 시스템 운영 전문가가 가져야 할 태도이다. 습관은 하루 아침에 만들어지지 않는다. 능독적인 습관과 태도는 분명하게 다른 사람과 차별화가 되고 경쟁력이 될 것이다. 시스템을 꾸준하게 개선해서 시스템을 발전시키면서 자기 자신의 발전으로도 연계되도록 해 보자.

정확한 피드백

세 번째는 시스템 운영에 대한 정확한 피드백이다.

전산실에서는 시스템 운영에 대한 현업 응대가 많다. 직접적으로 고객 응대를 하는 것은 아니지만 현업 담당자나 고객 만족 센터 상담원을 통해서 간접적으로 고객을 응대할 수 있다. 이때 사실을 바탕으로 한 정확하고도 깔끔한 피드백이 이루어져야 한다.

현업 담당자나 고객 만족 센터 상담원이 원하는 것은 전산 시스템과 관련해서 모르는 부분이나 현재 상황에 대한 정확한 지식이다. 현업 담당자들이 이해할 수 있는 대답이 이루어져야 하고 사실을 바탕으로 한 정확한 피드백이 되어야 한다.

또한 응대가 지연되거나 누락되어서도 안 된다. 사소한 건이라도 반드시 응대가 되어야 한다. 한 건 한 건의 응대가 모여 신뢰가 쌓인다. 고객이 바로 앞에 있는데 업무 처리를 당장 해야 하는데 전화 통화가 안되거나 메신저 답변이 없으면 업무 처리가 제대로 되지 않을 것이다.

전산실에서 하는 일 중에서 응대는 비중이 크고도 중요한 일이다. 전산실 관리자라면 이런 운영 부분에 대해서도 높게 평가해야 한다. 단순히 전화 한두 통 더 받는 것이 아니다. 물론 응대를 하지 않도록 시스템을 잘 만드는 것이 먼저다. 시스템 운영 전문가는 응대를 하지 않아도 현업 담당자들이 시스템을 잘 사용할 수 있도록 개선하는 방법을 찾아야 한다. 하지만 응대를 해야 한다면 정확하고도 신속한 피드백이 될 수 있도록 해야 한다.

성실한 근태

직장 생활을 한다면 근태는 기본 중에 기본이며 성실성의 척도라고도 할 수 있다. 시스템의 안정적인 운영을 위해서 더욱 신경을 써야 할 부분이다. 근태가 중요한 이유는 시스템의 사용자인 현업 부서보다 시스템의 이상 유무를 먼저 파악해야 하고 가능하다면 조치할 수 있어야 하기 때문이다. 휴일이나 야간 작업을 한 다음날이나 운영에 프로그램을 배포한 다음날에 시스템에 문제가 발생하여 아침부터 고생한 적이 있을 것이다. 따라서 시스템이 변경된 다음날에는 꼭 사용자보다 먼저 확인하는 습관을 가져야 한다. 또한 시스템에는 언제 무슨 일이 있을지 모르기 때문에 평소 항상 대비를 한다는 마음가짐으로 근무해야 한다.

두 번째는 자기 자리를 잘 지켜야 한다. 시스템의 사용자가 많은 집중 근무 시간에는 더욱 신경을 써야 한다. 시스템 사용자가 많다는 것은 그만큼 문의 사항이나 요청 사항 그리고 시스템의 사용 빈도 등 부하가 있을 수 있다는 것이므로 현업이 업무를 하는 데 이상이 없도록 지원할 수 있어야 하고 모니터링할 수 있어야 한다. 장애가 발생하기 전에 미리 감지하여 예방할 수 있는 것도 자기 자리를 지키는 것에서부터 시작된다.

근무 시간에 자리를 자주 비우지 않고 자리를 잘 지키는 것만으로도 성실한 근태의 모습으로 비춰진다. 현업의 응대가 잘 안 되거나 조치가 늦어지는 것도 자리 비움에서부터 시작된다. 항상 자리에만 앉아 있을 수는 없지만 최소화하거나 대체할 수 있는 장치를 마련해 두어야 한다. 예를 들면 점심 시간에 교대 근무 식사 등을 통해서 현업의 응대에 불편함이 없도록 해야 한다.

마자막으로 자신이 담당하는 시스템의 이상 유무를 퇴근 전이나 특정 시간에 한 번 확인해 보는 것이다. 예를 들어 배치같은 경우에는 특정 시간에 정상적으로 수행이 되었는지 담당자의 눈으로 확인해 보는 것이다. 정상적으로 수행되지 않을 경우 알람이 가게 한다면 자신이 담당하는 시스템을 성실하게 운영하고 있다고 볼 수 있다.

1인 기업가 정신

시스템 운영 전문가는 1인 기업가 정신을 가져야 한다. 이는 SM(System Maintenance)에 국한되지 않고 직원도 마찬가지이다. 아니 어쩌면 전산실 직원이라면 더욱 더 신경을 써야 할 부분이다. 직장 생활을 하는 동안 긴장감이 없다면 발전이 없을 것이다. 그러면 시간이 갈수록 경쟁력이 없어진다. 어떤 이들은 업무 외적인 부분에만 신경을 쓰기도 한다. 또 일보다 사내 정치 등 다른 부분에 관심을 더 기울이는 이들도 있다.

직원이라면 자신이 근무하는 회사에서 그 업무면 바로 자신이 최고라는 인식이 떠오를 수 있게 만들어야 한다. 내가 이 업무에서는 최고의 전문가라는 것을 알려야 한다. 가능하다면 대외 기관과 관련 업종에도 내 이름을 알릴 수 있어야 한다. 회사뿐만 아니라 업계, 업종 최고의 전문가가 되는 꿈을 가져야 한다.

만약 이직을 하게 되더라도 자신이 이전 회사에서 담당하는 업무에서 얼마나 전문성이 있는지가 이직을 할 수 있는 결정적인 요소가 될 것이다. 나 자신을 1인 기업가로 생각한다면 업무에 임하는 태도가 달라진다. 언젠가는 떠나야 할 회사이지만 경쟁력을 가지고 떠나는 것과 그렇지 않은 것에는 큰 차이가 있다.

내 몸값은 스스로 올리는 것이다. 회사가 실적을 올릴수록 성장하듯이 자기 자신도 많은 실적을 올려야 성장할 수 있다. 이직도 능력이다. 경쟁력이 있어야만 할 수 있는 것이다. 이직을 하기 위해서라도 먼저 자기 자신의 업무에서 최고가 되어야 한다. 이직을 굳이 하지 않더라도 현재 자신의 가치를 높이는 것은 중요한 일이다. 발전이 없으면 도태된다. 밑에서는 치고 올라오는데 자신은 제자리 걸음만 한다면 언젠가는 후회하는 날이 반드시 온다. 가만히 있다가는 큰 코 다친다. 나이도 있고 직급이 있다고 해서 회사에서 무조건 자리를 만들어 주지 않는다. 언제 어떻게 될지 모르는 것이 회사다. 항상 긴장의 끈을 놓지 말고 자기 자신을 발전시켜 나가야 한다.

남들과 같은 방식과 방법으로는 절대로 차별화를 확보할 수 없다. 시스템 운영 전문가가 되기 위해서는 자신만의 방식과 방법으로 차별화를 확보해서 경쟁력을 갖춰야 한다. 전산실에서 시스템 운영 전문가가 된다 라는 목표를 가지고 어느 업무의 시스템을 담당하더라도 나는 다르다는 것을 보여줄 수 있는 담당자가 되도록 해 보자.

전산실의 역할과 비즈니스

"전산실은 비즈니스를 하는 조직이 아니다.
하지만 비즈니스는 잘 이해하고 있는 조직이어야 한다"

IT 기업 중 SI 기업은 보통 프로젝트 수행을 통해서 얻은 매출을 바탕으로 회사를 운영하고 솔루션 기업은 솔루션 제품 판매 및 유지보수 등을 통해서 얻은 매출을 바탕으로 회사를 운영한다. SI 프로젝트에 투입되어 프로젝트 수행을 하거나 솔루션 제품을 개발할 때 IT 기업은 고객의 요청에 따라 그들의 비즈니스에 맞춰 시스템을 개발한다. 고객의 요구사항을 파악하여 고객의 니즈(needs)를 최대한 맞추려고 한다.

따라서 시스템을 개발할 때 고객의 비즈니스를 이해해야 프로젝트를 성공적으로 수행할 수 있고 고객이 원하는 솔루션 제품을 판매할 수 있다. 프로젝트의 수주나 솔루션 제품의 판매는 고객의 니즈를 얼마나 잘 알고 맞추느냐에 달려있다고 해도 과언이 아니다. 즉 고객의 비즈니스를 고객만큼 잘 알고 있어야 시스템 개발을 잘 할 수 있다.

전산실 또한 고객의 비즈니스를 잘 알아야 시스템 개발을 잘 할 수 있다. 전산실은 SI 기업이나 솔루션 기업과는 달리 기업의 지원 조직이기 때문에 대부분 현업의 비즈니스를 정의하는 부서는 아니다. 하지만 현업의 비즈니스 요구사항을 잘 알아야만 현업이 원하는 전산 시스템을 잘 만들 수 있다. 현업의 비즈니스를 잘 파악하여 그들의 니즈를 충족시키는 것이 우리들의 역할이다. 그러기 위해서는 현업의 비즈니스를 잘 이해하고 있어야 한다.

전산실은 기업의 지원 조직이기 때문에 외부 고객과 직접적으로 상대하는 일은 거의 없다. 하지만 내부 고객인 현업 담당자들과는 많은 일을 함께 한다. 그래서 전산실의 고객은 현업 담당자라고 할 수 있다. 전산실은 현업 담당자들의 업무를 지원하기 위한 조직이므로 우리는 그들의 비즈니스를 잘 알고 있어야 한다. 경우에 따라서는 우리가 현업보다 더 많은 업무를 알고 있다. 따라서 전산실에 근무한다면 비즈니스를 잘 이해하는 사람이 되어야 한다.

비즈니스를 이해하려면 현업 담당자들의 관점에서 업무를 바라볼 수 있어야 한다. 전산실에서 근무하는 목적은 새로운 기술을 익히고 그것을 시스템에 활용하는 것에 있지 않다. 아무리 좋은 기술이라도 비즈니스에 도움이 되지 않으면 도입할 필요가 없다.

IT 기술력은 당연히 중요하다. IT를 하면서 기술력이 없다는 것은 무기 없이 전쟁터에서 싸우는 것과 같다. IT 기술력은 기본이다. 그리고 전산실은 IT 기술력을 키우는 곳이 아니다. IT 기술력보다는 업무 중심으로 시스템을 운영하기 때문이다. 튼튼한 IT 기술력을 바탕으로 비즈니스도 잘 알아야 한다.

전산실에서 근무하면 시간이 지날수록 IT 기술력에 큰 차이가 나지 않는다. 운영 중인 시스템의 환경이 크게 바뀌지 않기 때문에 시간이 지나면 익숙해진다. 누구나 다 같은 프레임웍(framework) 환경에서 시스템 개발을 하기 때문에 기술력의 차이가 특별히 크게 나타날 수도 없다.

하지만 시간이 지나면 기술력의 차이보다는 업무 능력에 차이가 나타난다. 업무 능력이 뛰어난 사람은 비즈니스를 잘 아는 사람이다. 이런 사람은 기업의 비즈니스를 이해하고 현업과 소통한다. 비즈니스를 이해하는 사람은 전산실이 단지 현업의 요청 사항을 개발하고 운영하는 곳이라고 생각하지 않는다. 전산실도 비즈니스를 하는 부서로 생각해서 어떻게 하면 더 좋은 방법으로 업무를 할 수 있을지 고민하고 가치를 만들어 낸다. 업무에 대한 정의는 현업의 담당자들이 하겠지만 그 요구사항을 받아서 전산 시스템을 어떻게 하면 더 좋은 방법으로 만들 수 있을지 고민할 수 있어야 한다.

전산실에서 근무하는 우리가 스스로의 역할을 넓혀나가야 한다. IT를 하는 우리가 더 잘 알 수 있는 부분도 분명히 있다. 전산실이 지원 부서인 것은 맞지만 단지 지원 부서로만 생각하지 말고 비즈니스를 이해하고 함께할 수 있는 부서로 생각해야 한다.

시스템 운영 전문가는 비즈니스를 고객만큼 잘 이해하는 사람이 되어야 한다. 그렇게 하면 나 스스로의 가치뿐 아니라 전산실의 존재 가치도 높일 수 있다. 전산실이 현업의 요청 사항을 지원만 하는 조직이라는 인식을 넘어 우리에게 조언을 구하고 업무를 함께하는 비즈니스 파트너라는 인식을 현업이 갖도록 해야 한다. 우리의 위치를 우리 스스로 바꾸기 위해 노력해야 한다.

현업이 요청한 비즈니스에 우리가 알고 있는 것과 할 수 있는 부분을 추가하여 더 좋은 시스템을 만들어야 한다. 요청 그 이상을 할 수 있는 시스템 운영 전문가가 되어야 한다. 전산실이 단순히 요청한 사항에 대해서 시스템을 개발하고 운영하는 부서가 아니라 비즈니스를 함께 할 수 있는 부서, 협업이 필요한 부서, 업무를 진행함에 있어 중심이 되는 부서가 될 수 있도록 우리 스스로 만들어 나가야 한다. 시스템 운영 전문가는 현업과 비즈니스를 함께할 수 있어야 한다.

우리는 시스템을 통해서 고객을 만난다

"시스템은 고객이 알아들을 수 있는 말을 해야 한다"

보통 비즈니스는 고객의 만남을 통해 이루어진다. 고객이 존재해야 비즈니스가 만들어지기 때문이다. 제공할 수 있는 것에 대해서 고객이 필요성을 느끼고 오케이할 때 비즈니스가 성립된다. 비즈니스의 목적은 서로에게 필요한 것을 주고 받는 것이다. 상대방이 원하는 것을 잘 알고 그것을 서로에게 제공해야 하는 것이다. 만약 주고 받는 것이 상대방이 원하는 것이 아니라면 한쪽에서 불만을 제기할 수 있다.

전산실에서 근무한다면 고객을 직접 만날 일은 사실 거의 없다. 그리고 직접적으로 비즈니스를 하는 것도 아니다. 하지만 전산실에 근무하는 우리들도 간접적으로는 매일 같이 고객을 만난다. 왜냐하면 우리는 시스템을 통해서 고객들과 만나기 때문이다. 현업 담당자나 외부의 수많은 고객들이 우리가 개발해서 운영하는 시스템을 이용한다.

우리가 운영하는 전산 시스템이 곧 우리의 얼굴이다. 우리는 시스템을 통해서 고객과 대화한다. 그런데 고객이 시스템을 통해서 이야기하려는데 고객이 알아들을 수 없는 말로 시스템이 이야기를 하는 경우가 있다.

바로 우리들이 시스템과 대화할 때 쓰는 언어로 고객과 이야기를 하려고 하는 경우이다. 우리는 시스템과 대화할 때 쓰는 언어를 배웠지만 고객은 시스템과 대화할 때 쓰는 언어를 알지 못한다. 그렇다. 우리는 프로그래밍 언어라고 하는 기계어를 배워 그것을 통해 시스템과 대화한다. 하지만 고객은 프로그래밍 언어를 배우지 않았기 때문에 시스템과 대화할 때 쓰는 언어로 이야기하면 알아듣지 못한다. 알아듣지 못하는 말을 하고 있는데 불만이 없을 수 없다.

시스템 사용 중 정상적인 프로세스에 의한 오류이든 비정상적인 프로세스에 의한 오류이든 고객이 받아들이는 오류 메시지에 대해서 한번 살펴보자. 고객이 이해할 수 있는 말을 하고 있는지 말이다.

만약 정상적인 프로세스에서 나오는 오류 메시지라고 할지라도 업무에 상관없이 동일하게 "~오류입니다" 라고 나온다면 당연히 고객은 알아들을 수 없다. 또한 비정상적인 프로세스에서 나오는 "java.lang.ArrayIndexOutOfBoundsException..."나 "java.lang.NullPointerException..." 같은 오류 메시지라면 더더욱 알 수 없다.

```
Caused by: com.ibatis.common.jdbc.exception.NestedSQLException:
--- The error occurred in file:/hsb/app/nexcore/dbatbl1/runtime/batch/job/classes/hsb/dep/BDPM0023.xsql.
--- The error occurred while applying a parameter map.
--- Check the hsb.dep.BDPM0023.S002-InlineParameterMap.
--- Check the statement (query failed)
--- Cause: java.sql.SQLSyntaxErrorException: ORA-00936: 누락된 표현식
        at com.ibatis.sqlmap.engine.mapping.statement.GeneralStatement.executeQueryWithCallback(GeneralStatement.java:185)
        at com.ibatis.sqlmap.engine.mapping.statement.GeneralStatement.executeQueryWithRowHandler(GeneralStatement.java:133)
        at com.ibatis.sqlmap.engine.impl.SqlMapExecutorDelegate.queryWithRowHandler(SqlMapExecutorDelegate.java:649)
        at com.ibatis.sqlmap.engine.impl.SqlMapSessionImpl.queryWithRowHandler(SqlMapSessionImpl.java:156)
        at com.ibatis.sqlmap.engine.impl.SqlMapClientImpl.queryWithRowHandler(SqlMapClientImpl.java:133)
        at nexcore.framework.integration.db.internal.AbsSqlManager.queryForListWithRowHandler(AbsSqlManager.java:616)
        ... 15 more
Caused by: java.sql.SQLSyntaxErrorException: ORA-00936: 누락된 표현식
        at oracle.jdbc.driver.T4CTTIoer.processError(T4CTTIoer.java:440)
        at oracle.jdbc.driver.T4CTTIoer.processError(T4CTTIoer.java:396)
        at oracle.jdbc.driver.T4C8Oall.processError(T4C8Oall.java:837)
        at oracle.jdbc.driver.T4CTTIfun.receive(T4CTTIfun.java:445)
        at oracle.jdbc.driver.T4CTTIfun.doRPC(T4CTTIfun.java:191)
        at oracle.jdbc.driver.T4C8Oall.doOALL(T4C8Oall.java:523)
        at oracle.jdbc.driver.T4CPreparedStatement.doOall8(T4CPreparedStatement.java:207)
        at oracle.jdbc.driver.T4CPreparedStatement.executeForDescribe(T4CPreparedStatement.java:863)
        at oracle.jdbc.driver.OracleStatement.executeMaybeDescribe(OracleStatement.java:1153)
        at oracle.jdbc.driver.OracleStatement.doExecuteWithTimeout(OracleStatement.java:1275)
        at oracle.jdbc.driver.OraclePreparedStatement.executeInternal(OraclePreparedStatement.java:3576)
        at oracle.jdbc.driver.OraclePreparedStatement.execute(OraclePreparedStatement.java:3677)
        at oracle.jdbc.driver.OraclePreparedStatementWrapper.execute(OraclePreparedStatementWrapper.java:1374)
        at com.ibm.ws.rsadapter.jdbc.WSJdbcPreparedStatement.pmiExecute(WSJdbcPreparedStatement.java:956)
        at com.ibm.ws.rsadapter.jdbc.WSJdbcPreparedStatement.execute(WSJdbcPreparedStatement.java:623)
        at nexcore.framework.integration.jdbc.SpyPreparedStatement.execute(SpyPreparedStatement.java:97)
        at nexcore.framework.integration.ibatis.NcSqlExecutor.executeQuery(NcSqlExecutor.java:208)
        at com.ibatis.sqlmap.engine.mapping.statement.GeneralStatement.sqlExecuteQuery(GeneralStatement.java:205)
        at com.ibatis.sqlmap.engine.mapping.statement.GeneralStatement.executeQueryWithCallback(GeneralStatement.java:173)
        ... 20 more
```

개발 단계에서나 볼 수 있는 오류 메시지가 운영 시스템에서 나와서는 안 된다

사실 전산실 담당자도 오류 메시지만 봐서는 무슨 오류인지 정확히 알 수 없다. 전산실 담당자도 무슨 말인지 알 수 없는 오류 메시지를 고객이 알기는 쉽지 않을 것이다. 이런 메시지는 시스템 개발 단계에서나 볼 수 있어야 한다. 운영 시스템에서 이런 오류 메시지가 나온다는 것 자체가 문제다. 설사 오류가 있다고 하더라도 고객이 이해할 수 있는 메시지로 바꾸어야 한다.

고객이 알아들을 수 있는 메시지로 자세히 설명해서 오류 상황을 최대한 친절하게 보여주어야 한다. 시스템이 정상적으로 처리되지 않는데 알아들을 수 없는 말을 하고 있다면 사용자 입장에서는 매우 답답할 것이다.

전산실은 시스템 운영과 관련해서 많은 문의 사항을 받는다. 하지만 꼭 필요한 문의 사항인지 한번 생각해 볼 필요가 있다. 문의 사항에 대한 응대를 잘한다고 해서 결코 일을 잘하고 있는 것이 아니다. 문의사항에 대한 응대를 잘하면 일을 잘하고 있는 것으로 착각하는 사람이 있다.

하루 종일 문의 사항 응대를 하다가 업무를 마무리하는 사람이 있다. 매일 반복되는 문의 사항 처리로 항상 바쁘다. 전산실은 콜 센터가 아니다. 시스템에서 나오는 자세한 메시지 하나로도 분명히 문의 사항을 줄일 수 있다. 또한 문의 사항을 줄이면 다른 일을 할 수 있는 시간이 생겨 개선된 시스템을 만들 수 있다.

시스템 운영 전문가는 메시지 하나에도 신경을 써서 문의 사항을 줄이고 고객 불만을 최대한 잠재워야 한다. 특히 인터넷 뱅킹, 스마트 뱅킹, 폰 뱅킹 등의 비대면 채널을 통해 외부 고객이 이용하는 시스템에서 볼 수 있는 메시지는 어떻게 안내해야 할지에 대해 많은 고민을 해야 한다.

내부 고객만 사용하는 시스템이라면 전화 문의 등 다른 방법으로 응대가 가능하지만 외부 고객이 사용하는 시스템은 응대가 쉽지 않고 그대로 고객 불만으로 이어질 수 있다. 많은 시간을 투자해 몇 번 시도해야 전화 통화가 되는 콜 센터를 통해 문의를 하는 고객은 이미 불만이 가득하고 문의하는 과정에서 화가 많이 나 있는 상태일 것이다.

전산 시스템을 개발할 때부터 고객 입장에서 한번 더 생각하는 습관을 가지자. 정상적인 프로세스에 의한 메시지라고 할지라도 고객이 이해할 수 있는 말로 하도록 하자. 비정상적인 프로세스에 의한 메시지가 발견되었다면 당연히 즉각적인 조치가 필요할 것이다.

고객이 듣고 싶어 하는 말을 해야 비즈니스가 잘 될 수 있다. 또한 같은 말을 해도 언제 하느냐도 중요하다. 이미 불만이 가득한 상태에서 하는 말과 즉각적으로 친절히 알려주는 말은 차이가 크다. 시스템은 고객이 알아들을 수 있는 말을 해야 한다. 우리는 시스템을 통해서 고객과 매일 만나고 있는 셈이다.

5G 피드백

"속도가 경쟁력이다"

1GB를 10초 안에 내려 받는 시대가 온다. 2017년 1월 미국 라스베가스에서 열린 '국제소비자 가전박람회 2017'에서 인텔은 5G 모뎀을 세계 최초로 발표하며 기가바이트 속도를 바탕으로 자율 주행 차량과 사물 인터넷, 무선 광대역 등 다양한 분야에서 혁신이 일어날 것이라고 예고했다.

5G는 전송 속도만 빨라지는 게 아니다. 전송 속도 못지 않게 응답 속도도 빨라진다. 데이터 전송 속도가 한 번에 얼마나 많은 데이터가 지나갈 수 있는지를 나타내는 지표라면 응답 속도는 크기가 작은 데이터가 오가는 데 걸리는 시간을 말한다. 응답 속도가 **빠르다는** 것은 많은 양의 데이터를 중앙 서버와 끊김 없이 주고받을 수 있다는 말이다. 자율 주행 자동차나 사물

인터넷(IoT) 분야에서는 응답 속도가 중요하기 때문에 5G가 활발하게 도입될 것으로 예상된다고 한다. 이제는 전송 속도와 함께 응답 속도도 중요한 것이다. 응답 속도가 빨라야 서비스를 할 수 있는 것이다.

전산실에서 근무하는 우리들도 응답 속도의 중요성을 알아야 한다. 우리에게 응답 속도는 피드백이라고 할 수 있다. 시스템에서의 처리와 그 외 현업 담당자 등의 문의 사항과 요청 사항에 대해서 우리는 끊임없이 응답을 해야 한다. 요청을 받는 일이 우리에게는 많다. 그래서 응답을 어떻게 하느냐가 중요하다. 응답은 곧 피드백이라고 할 수 있고 빠른 피드백은 우리의 경쟁력이 된다.

처리 속도 피드백

먼저 우리가 생각할 수 있는 가장 기본적인 피드백은 당연히 시스템의 처리에 대한 응답 속도일 것이다. 운영 중인 시스템에서 조회를 하거나 처리를 할 때 5G 속도 같은 빠른 응답이 필요하다. 시스템 사용자가 운영 시스템에서 데이터를 조회했는데 답답함을 느끼거나 시스템에 부하가 걸리면 쿼리 튜닝이나 프로세스 개선 등을 통해서 응답 속도를 줄일 수 있도록 해야 한다. 비대면 등 고객이 이용하는 채널에서 처리 속도가 느리다면 더욱더 신경 써야 한다. 내부 시스템 사용자는 기다릴 수 있을지 몰라도 고객은 불만을 가질 수 있고 떠날 수도 있다.

음식점에 갔는데 직원이 주문 받으러 오는데도 한참 걸리고 주문을 받은 후 음식도 한참 뒤에 나온다면 이 음식점에 다시 갈 고객이 얼마나 되겠는가? 음식이 정말로 맛있다고 하더라도 다음에 가고 싶을 때 진짜 갈지 한번 더 생각할 것이다. 손님이 오자마자 물을 바로 가져다 주고 음식 주문을 바로 받고 밑반찬 가져다 달라고 부르면 바로 달려가야 고객 불만이 없고 다시 찾는다.

시스템 사용자가 불편함을 느끼지 않는 피드백이 우리에게는 필요하다. 한 번에 100% 피드백이 안 되면 중간 중간 피드백을 주는 것도 한 방법이다. 시스템으로 구현할 수 있는 방법을 찾아보면 분명 방법이 있을 것이다.

문의 사항 피드백

시스템 처리 속도에 대한 피드백 외에 우리에게는 또 다른 피드백이 있다. 바로 문의 사항에 대한 피드백이다. 전산실에서는 많은 문의를 받는다. 단순 문의부터 시스템 처리 시 발생하는 업무 처리 문의까지 문의 사항이 많다. 문의 방법 또한 다양하다. 기본적인 구두와 전화가 있고 그 외 메신저나 메일 그리고 쪽지 등이 있을 수 있다.

시스템 처리 속도보다 더 많은 신경이 쓰이는 것이 바로 문의 사항에 대한 피드백이다. 수많은 문의 사항을 모두 피드백하기가 쉽지 않지만 평소 준비를 통해 **빠른 피드백**이 될 수 있도록 해야 한다. 최신 운영 매뉴얼이나 운영 관련 프로그램 등을 통해 문의 요청 시 **빠른 응답**을 줄 수 있어야 한다.

문의 사항에 대한 자신만의 피드백 프로세스를 만드는 것도 한 방법이다. 업무 일지 작성 등을 통해서 누락하지 않고 답변을 해 줄 수 있어야 하고 자주 문의가 오는 사항에 대해서 지속적으로 정리하여 시스템 사용자 매뉴얼을 배포할 수 있어야 한다.

요청 사항 피드백

마지막으로 요청 사항에 대한 피드백을 들 수 있다. 전산실은 현업의 시스템 개발이나 데이터 추출 등과 같은 요청 사항을 끊임없이 받는다. 요청 사항에 대한 시간 소요는 천차만별이다. 몇 분 만에 끝낼 수 있는 요청 사항이 있고 몇 달이 갈 수 있는 요청 사항도 있다. 시스템 개발 요청 사항의 경우 개발 시간보다 언제 개발을 하고 언제 끝낼 수 있느냐가 더 중요하다. 오늘 요청을 받아 바로 진행해서 오늘 끝낼 수 있으면 하루가 걸리는 것이지만 오늘 요청을 받았고 한 달 후에 진행해서 하루 만에 끝낸다면 현업 입장에서는 한 달 이상이 걸린 것이 된다.

전산실에 근무하는 우리들이 가장 소홀히 생각하는 것 중에 하나가 바로 요청 사항에 대한 피드백이다. 언제 시작하고 언제 끝날지 미리 피드백을 주는 것이 좋다. 만약 최초 피드백에서 일정 변경이 불가피하다면 사유와 함께 피드백을 다시 줘야 한다. 어쩌면 현업은 일정을 알지 못하기 때문에 답답해 할 수 있다. 물어보기 전에는 알 수 없고 또한 물어봐도 매번 일정이 바뀌니 신뢰가 떨어진다. 사전에 미리 피드백을 주는 것과 사후에 피드백을 주는 것에는 큰 차이가 있다. 사전 피드백을 통해서 신뢰감을 주고 적극적인 모습을 보일 필요가 있다.

정해진 일정에 되기전까지 아무런 피드백이 없다가 일정이 다가와서 일정에 대한 변경을 요청하거나 일정을 맞출 수 없다고 하면 함께 일하는 현업의 담당자 입장에서는 매우 당황스러울 것이다.

반드시 사전 피드백을 통해 진행 사항을 공유해야 한다. 피드백이 **빠르고 정확할수록** 불만은 줄어들고 신뢰감은 높아질 것이다.

속도가 경쟁력이다

시스템 운영 전문가는 피드백이 빨라야 한다. 시스템의 처리 속도를 포함해서 현업의 문의 사항과 요청 사항에 대해서도 빠른 피드백이 필요하다. 전산실에서도 속도가 곧 경쟁력이다.

시스템 장애는 조직 차원에서 해결하자

"시스템 장애는 예방이 최선이다"

전산실에서 근무하다 보면 누구나 한번쯤은 시스템 장애를 만난다. 만나지 않으면 좋겠지만 전산실에서 일하는 목적 중에 하나가 바로 시스템 장애를 만났을 때 빠른 조치를 하기 위해서일 것이다. 시스템 장애는 예방이 최선이다. 전산실은 시스템을 안정적으로 운영하면서 시스템 장애를 예방해야 한다.

하지만 아무리 예방을 한다고 하더라도 모든 상황을 인지하여 예방할 수 없다. 시스템 장애가 발생하면 빠른 시간 내에 장애를 복구하는 것이 전산실에서 근무하는 우리들의 임무이다. 그리고 전산실에서 발생하는 시스템 장애를 조직 차원에서 다루어야 한다. 시스템 장애의 대부분은 누구 한 개인의 문제에 의해 발생하는 것이 아니다. 시스템 장애는 개인의 문제가 아니라 조직의 문제라고 봐야 하고 조직의 공동 책임 의식이 필요하다.

장애 예방 프로세스

시스템 장애를 한 개인의 문제로 끝내는 경우가 많다. 특히 사소한 이유로 시스템 장애가 발생하면 한 개인의 문제로 바라보고 그 개인에게 책임을 묻는다. 장애 비중에서 이런 개인의 실수가 가장 많은데도 한 개인의 문제로만 끝내는 경우가 많다.

예를 들어 프로그램 개발 시 실무자의 실수로 프로그램을 잘못 개발하여 시스템 장애가 발생한 경우 모든 문제를 한 개인의 개발 실력으로만 끝낸다면 개인의 실력이 좋아질 때까지 시스템 장애에 대한 불안 요소가 없어지지 않을 것이다.

이런 흔한 문제를 조직 차원에서 생각해 보면 개인의 실력 문제와 상관없이 시스템 장애를 예방할 수 있다. 아무리 실무자의 능력이 떨어지더라도 프로세스로 얼마든지 예방할 수 있다는 것이다. 실무자의 개발 사항에 대해 동료의 프로그램 소스 검토, 관리자의 프로그램 소스 검토 및 테스트 그리고 개발 요청자의 테스트 등을 거쳐 개발 능력 부족으로 인한 시스템 장애를 사전에 충분히 예방할 수 있다.

또한 개발된 사항을 운영에 이관할 때도 프로세스로 진행되어야 한다. 관리자의 아무런 확인 없이 이관을 하는 것도 장애를 유발하는 요소이다. 실무자가 개발했기 때문에 실무자 한 사람의 문제로 보면 안 된다. 실무자 혼자 개발하고 운영에 이관하는 구조가 문제인 것이다.

사람이 없다고 바빠서 다른 사람이 할 수 있는 시간이 없다고 한다면 시스템 장애를 막는 것은 처음부터 어려운 구조인 셈이다. 이런 부분은 물론 개인의 능력에 맡길 수 밖에 없지만 이 또한 조직적인 문제이지 개인 한 사람의 문제라고 보면 안 되는 것이다.

프로그램 이관의 경우 관리자의 승인이 포함된 프로세스가 있어야 한다. 이런 프로세스가 있다면 실무자가 프로그램을 잘 못 만들었다고 할지라도 관리자의 승인 아래 운영에 이관을 했기 때문에 관리자에게도 분명히 책임이 있는 것이다. 책임이 없다면 정말 불필요한 프로세스이고 조직 차원에서도 인력 낭비와 시간 낭비를 가져오는 절차일 것이다. 프로그램 이관 승인을 하기 전에 프로그램 소스 검토나 테스트를 한 번도 해 보지 않고 이관했다면 관리자에게도 책임이 있는 것이다.

시스템 장애의 경우 사소한 프로그램 개발 사항 하나라도 개인의 문제로 보면 안 된다. 시스템 장애는 조직적인 차원에서 해결하고 책임져야 한다. 분명한 것은 조직적인 차원에서 해결을 해야 개인의 능력이 향상되고 시스템 장애가 줄어든다는 것이다.

지속적인 시스템 장애를 유발하는 실무자가 있다면 교육을 통해 개인의 능력을 향상시켜야 하며 더 강화된 조직적인 프로세스를 통해서 장애 발생을 줄여야 한다.

즉각적인 조치(해결) 및 정확한 장애 원인 파악(진단)

아무리 장애를 예방한다 하더라도 모든 시스템 장애를 막을 수는 없을 것이다. 하지만 시스템 장애가 발생했다면 즉각적인 조치가 이루어져야 한다. 때로는 원인이 정확히 파악되지 않더라도 배포한 프로그램을 롤백(rollback)해서 신속하게 조치할 수 있어야 한다.

원인이 정확히 파악된 다음에 조치를 하는 것이 근본적인 문제를 해결하는 방법이겠지만 즉각적인 조치가 되지 않는다면 임시방편이라도 문제를 해결하는 것이 낫다. 왜냐하면 전산실의 시스템은 운영이 되어야 업무를 할 수 있기 때문이다.

사용자가 없는 시간대에 시스템 장애가 생기면 근본적인 문제를 해결하면서 장애를 조치해도 되지만 시스템의 사용자가 많은 시간이라면 일단은 임시방편이라도 써서 시스템을 복구시키는 것이 좋다.

사용자의 유무와 복구 시간 등, 여러 상황에 따라 적절한 조치를 하겠지만 즉각적인 조치를 최우선 순위로 두고 장애 시간을 줄이는 것이 가장 먼저이다. 시스템 장애는 원인이 무엇이든 시간이 길어질수록 피해와 사용자의 불만이 커지기 때문이다.

원인이 사소하든 알 수 없든 그것이 사용자 입장에서는 중요하지 않다. 아무리 사소한 원인이라도 장애 시간이 길어진다면 큰 시스템 장애로 인식되고 원인이 불투명하고 알 수 없더라도 장애 시간이 짧다면 잠시 일어난 시스템 부하 정도로 생각하고 넘어갈 수도 있기 때문이다.

시스템 장애의 원인은 전산실 담당자의 관심 사항이다. 시스템 사용자는 시스템 장애 원인에는 별로 관심이 없다. 오로지 시스템이 언제 복구되는지 불평불만을 토로하며 기다린다.

장애가 복구되면 장애 원인을 정확하게 파악해야 한다. 임시방편으로 장애를 조치했다면 반드시 정확한 장애 원인을 파악해야 한다. 장애 원인 파악은 차후 재발 방지를 위해서도 반드시 필요한 사항이다. 당연히 원인을 정확히 알아야 재발 방지를 할 수 있기 때문이다.

장애가 해결되었다고 그냥 넘어가는 경우가 있다. 장애 원인을 정확히 모르거나 특별히 큰 문제가 발생하지 않아서 그냥 지나가기도 한다. 같은 상황이 또 발생해서 큰 문제가 발생하지 않는다고 장담할 수 없다. 정말로 장애 원인을 알 수 없다면 최소한 같은 장애가 다시 발생하지 않도록 예방 장치를 만들어야 한다. 또 동일한 장애가 다시 발생했을 때 이전보다 빠른 조치를 통해서 장애 시간을 짧게 가져가야 하겠다.

장애 리뷰 공유

장애 발생 후 조치까지 모두 끝났다면 대부분은 여기까지 해서 장애 관련 업무를 끝낸다. 하지만 여기서 장애 관련 활동이 끝나면 안되고 해야 할 일이 한 가지 더 남아 있다.

바로 장애 리뷰이다. 그리고 장애 리뷰는 공유되어야 한다. 최소한의 장애 리뷰 방법은 장애 리포트 작성이다. 장애 리포트가 반성문 같은 느낌이 들기도 하지만 사실에 근거한 리포트는 반드시 남겨두어야 한다.

정확한 장애 원인과 해결 방법까지 나왔다면 더욱 좋은 리포트가 될 것이다. 장애 리포트가 있다면 같은 장애를 예방하고 장애 상황에 대한 기억을 오랫동안 남겨 담당자나 관리자가 신경을 더 쓰게 하는 효과를 낼 수 있다. 이렇게 작성된 장애 리포트는 반드시 공유되어야 한다. 공유를 통해 다른 전산실 직원들도 간접 경험을 할 수 있기 때문이다. 간접 경험을 통해 각자의 담당 업무에 참고할 수도 있다.

또한 장애가 미치는 영향도에 따라서 모든 전산실 직원들과 함께 하는 장애 리뷰 보고 시간을 가질 수도 있다. 장애를 숨기고 쉬쉬하지 않고 공유하는 것 자체만으로도 장애 문제를 조직 차원에서 바라보고 공동으로 책임지겠다는 뜻이다.

장애 리뷰 시간을 가져야 한다

장애는 전산실 직원이라면 누구나 마주할 수 있는 상황이다. 장애 경험을 공유하는 것은 누구의 잘못을 알리는 것이 아니라 장애를 조직적으로 예방하자는 뜻이다. 장애를 전산실 누구 하나의 문제로만 바리봐서는 안 된다. 개인의 문제가 아니라 조직의 문제로 바라봐야 한다. 장애가 발생하면 시스템 사용자는 누구 하나의 문제로 생각하지 않는다. 전산실 전체의 문제로 생각한다. 장애를 조직 차원에서 바라봐야 하는 이유이다. 전산 장애는 전산실 공동의 책임이다.

시스템 운영 전문가는 장애 상황에 대해서 조직적인 차원에서 문제를 해결해야 한다. 장애 예방 프로세스부터 장애 발생 시 정확한 장애 원인을 파악하여 즉각적인 조치를 할 수 있는 노하우를 가지고 있어야 한다. 또한 장애 후 리뷰를 통해서 공동의 책임 의식을 가질 수 있도록 이끌어야 한다.

함께 일하라

"조직의 성패는 경쟁에서 이기고 지는 게 아니라
협업에 성공하느냐 실패하느냐에 달렸다"
- 유니클로 회장 야나이 다다시

조직은 함께 일하기 위해서 모인 곳이다. 혼자 일하고 싶으면 굳이 조직에서 일할 필요가 없을 것이다. 조직은 함께 일할 때 힘이 생긴다. 응집력이 강할수록 힘이 세지고 이것이 조직이 존재하는 목적이다.

전산실이라는 조직에서 근무하는 우리들도 여러 사람이 함께 모여 일한다. 자신이 담당하는 업무가 있지만 전산실 내부에서는 여러 업무 담당자와 함께 일을 한다. 함께 일을 해야 시너지 효과를 낼 수 있다. 혼자서는 할 수 없지만 서로 도와가며 함께하면 할 수 있는 일들이 많다.

여러 사람이 함께 일을 해야 하는 조직의 의미를 알고 있고 그렇게 해야 업무 처리가 더 효율적이라는 사실을 인정하지만 자신이 담당하는 업무를 남에게 보여주거나 공유하는 것을 꺼리는 경우가 있다. 예를 들어 자신이 작성한 프로그램 코드를 남에게 확인 받는 것을 자존심 문제로 느끼기도 한다. 자신의 담당 업무에 누군가가 관여하면 시간이 지연되고 귀찮다고 생각한다. 함께 일한다고 하지만 진정으로 함께 일하고 있는지 한번 생각해 볼 필요가 있다. 단지 한 공간에서 일하는 것이 함께 일한다는 의미는 아닐 것이다.

조직마다 차이가 있겠지만 함께 일하는 것은 자신의 업무뿐만 아니라 타인의 업무에도 간접적으로 도움을 주거나 함께 해결할 수 있어야 한다. 자신의 업무가 아니더라도 타인의 업무에 관심을 가지고 문제가 생겼을 때 함께 보는 것만으로도 상대방에게는 많은 힘이 된다.

자신의 업무가 아니라고 모른척하고 관심을 두지 않는 것이 아니라 업무 영역을 넓힌다는 생각으로 타인의 업무에도 관심을 가지고 도움이 필요할 때 도울 수 있는 자세가 필요하다. 같은 팀이라면 이런 태도를 더 적극적으로 가져야 한다. 팀 내에서도 업무 분장이 있기 때문에 자신의 업무가 아니더라도 내 일처럼 관심을 가질 수 있도록 해야 한다. 담당자보다 업무 처리 능력이나 업무 지식은 부족하겠지만 팀 내에서 일어나는 일에 대해서는 함께하는 긍정적인 태도를 가져야 한다.

관리자라면 이런 조직 분위기를 만들어야 할 것이며 실무자라면 내 일이 아니더라도 함께하는 자세가 필요하다. 함께 일하기 위해서는 공유의 자세도 필요하다. 자신의 담당 업무를 후임자나 다른 사람에게 공유하여 자신이 자리를 비우더라도 해당 업무에 문제가 없도록 인수인계가 미리 잘 이루어져 있어야 한다.

관리자가 특히 신경 써야 할 부분이지만 실무자 또한 함께 일하는 동료로서의 의무를 다해야 한다. 후임자에게는 자신의 노하우를 잘 전수하여 후임자가 자신의 업무를 잘 배울 수 있도록 이끄는 노력이 필요하다. 자신의 업무 영역을 넓히는 계기로 삼아야 할 것이며 조직이 원활하게 돌아갈 수 있는 구조를 만들어야 한다.

함께 일한다는 의미에서 시너지 효과가 큰 또 하나는 문제를 함께 해결할 때이다. 문제는 함께 일하는 사람들과 해결할 때 더 큰 의미가 있다. 문제를 문제라고 말할 수 있으려면 용기가 필요하고 자신만을 생각하지 않고 조직을 생각하는 마음가짐도 필요하다. 누구나 문제가 생기는 것을 반가워하지 않는다. 특히 자신이 담당하는 시스템에서 문제가 생긴다면 더더욱 숨기고 싶고 혼자서 조용히 해결하고 넘어가고 싶은 것이 사실이다. 하지만 문제는 밖으로 드러나야 더 심각해지지 않는다.

문제를 숨기는 것에는 한계도 있지만 문제가 발생했다고 자책할 필요는 없다. 진짜 문제는 문제를 문제로 생각하지 않는 것이다. 문제 의식이 없다면 문제를 절대로 해결할 수 없다. 따라서 문제를 문제라고 말하는 사람이 조직에서 더 필요한 사람이고 조직의 발전을 이끄는 사람이라고 할 수 있다.

문제를 문제라고 말할 때 조직에서 문제를 문제로만 받아들이지 않는 문화가 필요하다. 문제를 드러내는 것에 대해서 누구를 비난할 필요가 없다. 문제는 조직의 문제이지 어느 누구의 문제가 아니다. 문제를 같이 해결하는 분위기가 되어야 한다. 그래야 문제를 빨리 해결할 수 있다.

문제가 발생했을 때 내 일이 아니기 때문에 모른척한다면 문제를 해결하는 것은 쉽지 않다. 아무리 어려운 문제라도 머리를 맞대면 분명히 해결책이 나올 것이다. 이처럼 함께 일한다는 것은 모든 구성원이 서로의 일에 관심을 갖는 것이고 문제가 생겼을 때 도움을 줄 수 있는 태도를 가지는 것이다.

어느 조직에서는 이렇게 말하는 사람이 있다. "나는 담당자가 아니어서 모른다." 담당자가 아니라서 정말 모를 수도 있다. 그러나 충분히 알아 볼 수 있지만 담당자가 아니라는 이유로 모른다고 하는 것인지, 알고 있는 일이지만 담당자가 아니기 때문에 모른다고 하는 것이지 생각해 볼 필요가 있다.

함께 일한다면 자신의 일이 아닐지라도 할 수 있는 범위에서는 최대한 해 보는 것이 조직은 물론 자신의 발전에도 분명히 도움이 된다. 남의 일도 내 일처럼 생각하고 모르는 일은 배운다는 생각으로 일하는 것이 함께 일하는 사람들의 기본 자세일 것이다.

함께 일한다면 마음을 열고 자신의 일뿐만 아니라 우리의 일을 한다는 생각을 가져야 한다. 서로의 일을 공유하고 소통해야 조직에 힘이 생긴다. 조직에 힘이 생기면 개인에게도 힘이 생긴다. 조직이 성장해야 개인의 성장도 있는 것이다.

협업 해라, 함께 일해라. 시스템 운영 전문가는 함께 일하는 사람이다. 자신의 일을 공유하고 자신이 아니더라도 누군가가 업무를 처리할 수 있도록 만들고 문제가 생긴다면 문제를 함께 해결하려는 자세를 가져야 한다. 시스템 운영 전문가는 남의 일도 내 일처럼 할 수 있는 마인드를 가진 사람이다.

현장 경험을 반드시 가지자

"현장 경험은 일을 빠르고 배우게 하고 정확하게 이해하게 한다"

전산실은 내근 업무이다. 서버와 네트워크를 맡은 엔지니어 외에는 대부분 사무실에서 컴퓨터 앞에 앉아 업무를 처리한다. 프로그램 개발부터 현업들의 전화 응대까지 특별한 일이 없다면 대부분의 시간을 자리에 앉아서 하루 일과를 시작하고 마친다.

물론 전산실에 근무한다면 자기 자리를 잘 지키는 것은 중요한 일이다. 긴급하게 발생하는 시스템 장애를 처리하기 위해서나 신속하게 응대해야 하는 일들이 많기 때문이다. 따라서 전산실 근무자는 자기 자리를 잘 지켜 시스템 운영에 문제가 없도록 지원해야 하는 것은 기본 사항이다.

자기 자리를 잘 지키는 것도 중요한 일 중에 하나이지만 전산실에서 자리를 잘 지키는 것 말고 시스템을 안정적으로 운영하고 발전시킬 수 있는 방법이 하나 더 있다. 바로 현장 경험을 해 보는 것이다. 현장 경험을 하면 업무를 더 확실히 이해할 수 있다. 실제로 일이 벌어지는 현장에 가보면 많은 것을 보고 느끼고 깨달을 수 있다. 취업 준비생일 때 취업 전 현장 실습을 했다면 취업 후에는 현장 방문을 해야 하는 것이다.

어쩌면 전산실은 어느 조직보다 현장을 더 많이 그리고 잘 알아야 한다. 왜냐하면 기업에서 다루는 대부분의 비즈니스가 전산 운영 시스템에 들어 있기 때문이다. 업무를 어떻게 하는지 직접 본 경험이 있는 경우와 없는 경우, 시스템 개발과 운영 능력에 분명히 차이가 난다.

시스템 사용자가 현장에서 어떻게 사용하는지 본다면 사용자 입장에서 생각해서 시스템을 만들 수 있다. 또한 업무 이해력도 높아진다. 백문불여일견(百聞不如一見)이라고 한다. 백 번 듣는 것보다 한 번 보는 것이 낫다.

전산실 근무자라면 반드시 현장 경험을 가져야 한다. 자리에만 앉아서 업무 처리를 하면 아무리 들어도 이해가 되지 않는 부분이 현장에서 한 번 보면 이해가 되는 부분이 분명 있다. 현장 경험이 꼭 멀리 있는 것은 아니다. 바로 옆 사무실도 현장이다. 옆 사무실의 시스템 사용자가 시스템 관련 문의를 했을 때 전화 통화로만 하는 것이 아니라 직접 가서 한번 보는 것이다. 전화 통화도 좋겠지만 직접 보는 것이 더 좋다. 직접 가서 눈으로 보고 귀로 듣는 것이다. 여의치 않으면 원격 지원을 통해서 시스템 사용자의 컴퓨터를 보는 것도 좋은 방법이다.

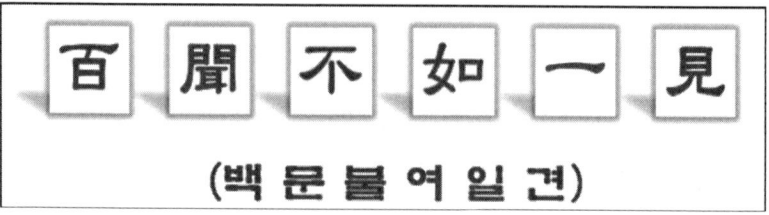

전화 통화로 백 번 듣는 것보다 현장에 가서 한 번 보는 것이 낫다

백 번 들어도 모르는 경우도 많고 이해가 되지 않는 경우도 많다. 그냥 한 번 보는 것이 낫다. 말이 필요 없다. 하지만 전산실 직원이 현장 경험을 하는 경우는 많지 않다. 현실적인 상황이 여의치 않은 경우를 포함해서 여러 이유가 있을 것이다.

어떤 이유가 되었던 그 이유를 뒤로 하고 현장 경험을 하는 것과 그 이유로 인해 현장 경험을 하지 못하는 것에는 큰 차이가 있다. 일시적인 이벤트나 신입 사원이나 경력 사원의 형식적인 방문은 의미가 없다. 현장 경험은 지속적이고 현실적이어야 한다.

실질적인 현장 경험을 통해 전산실 담당자가 피부로 느끼고 몸소 깨달아야 한다. 시스템에서 어떤 개선이 필요한지 추가적으로 보완해야 할 부분이 무엇인지 스스로 느껴야 한다. 사무실에서는 절대 들을 수 없는 현장의 목소리를 들어야 한다. 현장의 사소한 불편함이나 전혀 생각하지 못했던 부분들을 읽어야 한다.

또한 현장 경험의 목적이 단순히 전산 시스템을 안정적으로 운영하고 개선하는 데 있지는 않다. 시스템은 사람에 의해 운영되고 만들어진다. 현장 경험의 또 다른 목적은 현업 담당자와의 유대 관계를 만드는 것이다. 전화로 수백 번 통화하지만 한 번도 만나지 않고 업무를 하는 것과 한 번 만나보고 업무를 하는 것에는 큰 차이가 있다. 전화 통화로는 알 수 없는 것들을 한 번의 만남을 통해서 이해하게 되고 오해가 풀리고 관계가 개선된다. 방문을 통해서 서로의 입장을 이해하고 담당자끼리 스킨십을 하는 것이다.

사람이 먼저라는 말이 있다. 시스템보다는 사람이 먼저다. 사람과의 유대 관계가 형성되면 업무 처리에 많은 도움이 된다. 서로의 입장을 이해하고 더 발전된 방향으로 나아갈 수 있다. 사람과의 유대 관계에 따라서 사소한 시스템 문제나 불편 사항이 크게 부풀려져 혹평을 받을 수도 있고 개선된 사항으로 호평을 받을 수 있다. 전산실 담당자라면 이 부분을 신경 쓸 필요가 있다.

전산실에서 먼저 적극적으로 나서보자. 변화는 나부터 시작되는 것이다. 현장 경험의 마음을 가지고 실천하는 것과 사무실에서만 근무하는 것은 앞으로 전산실뿐만 어떤 업무를 하더라도 업무 성과에 큰 차이를 가져온다고 말할 수 있다. 현장 경험은 좋은 의사결정을 하는 데 큰 도움이 된다. 또한 현장에 가면 사무실에 앉아서 찾지 못해 헤매던 답도 쉽게 찾을 수 있다.

현장 방문은 자신이 직접 적극적으로 나설 때 의미가 더 커진다. 전산실 실무자라면 꼭 한번 자신이 담당하는 업무 현장에 방문해 보도록 하자. 새로운 업무를 담당하게 되었다면 한번 해 보는 것이 업무를 빠르게 익히는 데 분명 도움이 될 것이다.

전산실 관리자라면 전산실의 발전뿐만 아니라 회사의 발전에 도움이 되는 현장 방문에 대해서 긍정적으로 검토해 보길 권한다. 현장 방문을 통해서 전산 시스템을 개선하는 것은 물론이고 현업 담당자와의 긍정적인 유대 관계도 형성된다.

좋은 말만 듣기 위해서 방문하는 것은 결코 아니다. 불만 사항도 겸허히 받아들일 수 있는 자세가 필요하다. 전산실에서 고칠 부분이 있다면 고쳐야 한다.

방문 목적을 확실히 가지고 전산실에서 스스로 나서서 현장을 방문해야 한다. 현장에 직접 가서 현장의 목소리를 듣고 눈으로 보는 것이다. 작은 이야기 하나라도 귀 기울여 듣고 최대한 많은 것을 직접 눈으로 봐야 한다. 현장에 가면 전화 통화는 일 년이 넘도록 해왔지만 처음 보는 얼굴들도 있다. 전화 통화로만 할 때는 몰랐던 서로의 오해도 풀린다. 더 중요한 건 방문 후에 업무를 할 때 이전보다 편해지고 오해도 없어진다. 무엇인가 더 해 주고 싶은 마음이 커진다.

현장 방문 후에 할 일이 많아지는 건 사실이다. 어쩌면 일부러 나서서 일거리를 만들어 오는 것으로 생각할 수도 있다. 가만히 있으면 하지 않아도 될 크고 작은 일들을 가져오는 것이기 때문이다. 방문하면 많은 일거리가 생기는 건 분명한 사실이다. 힘들기도 하겠지만 한 건 한 건 처리할수록 시스템이 개선되며 사용자의 만족도는 높아진다. 또 요청자로부터 감사의 말을 들으면 일에 대한 보람도 느낄 수 있다.

이왕 해야 할 일이라면 적극적으로 나서서 하는 것이 바람직하고 이런 방법이 전산실이 변화하는 길이고 앞으로 우리가 나아가야 할 방향이라고 생각한다. 시스템 운영 전문가라면 반드시 현장 방문을 해야 한다. 현장을 직접 뛰면서 눈으로 보고 몸으로 느끼고 와야 한다. 탁상공론(卓上空論)하면서 시스템을 운영하지 말자. 나부터 그렇게 하지 말자. 현장에 가서 직접 보고 느끼고 와 보자.

기술력을 바탕으로 한 업무 능력을 키우자

"업무 능력이 곧 경쟁력이다"

요즘은 취업하기가 힘들다고 한다. 취업을 위해서 휴학도 하고 어학 연수도 다녀오고 인턴 경험도 쌓고 관련 자격증도 취득해야 하는 등 이것 저것 스펙 쌓기에 바쁘다. 이런 스펙을 쌓는 이유 중 하나는 조금이라도 더 좋은 조건의 근무 환경과 연봉을 받길 원하기 때문일 것이다.

IT 업종도 마찬가지이다. IT 업종에서 취업에 성공하려면 어학 준비는 물론이고 자격증 준비, 면접 준비, IT 관련 학원 수강을 통해 기술력을 확보해야 한다.

우리나라 IT 업종에서 취업하는 경로는 보통 이렇다.

먼저 SI 기업에 취업해서 프로젝트 위주의 일을 하는 것이다. 회사에서 수주한 프로젝트에 투입되어 일정 기간 시스템 개발 등의 일을 하는 것이다.

삼성 SDS, LG CNS 등의 회사가 이에 속한다.

두 번째로는 플랫폼/솔루션 관련 기업에 취업해서 플랫폼/솔루션 제품 개발이나 유지보수 등의 일을 할 수 있다. 개발 툴부터 DB, WAS, 네트워크 등 수많은 플랫폼/솔루션 제품들이 있고 분야도 다양하다. 꼭 IT 관련 플랫폼/솔루션이 아니더라도 특정 업무를 하기 위해 만들어진 제품들도 많이 있다.

세 번째로는 IT 서비스 제공 관련 업체에 취업하는 길이 있다. 인터넷 포털이나 게임 등 특정 IT 서비스를 제공하는 기업으로 네이버, 다음, NC소프트 등이 이에 속한다.

네 번째로는 기업의 전산실에 취업해서 비즈니스 시스템을 운영하는 것이다. 공공 기관을 포함하여 대부분의 업종에는 전산실이 있다.

이외에도 IT 업종을 들여다 보면 취업을 할 분야가 많다. 그리고 IT 업종에 취업하면 어학과 자격증보다는 기술력을 더 필요로 할 것이다. 기술력은 IT 업종에서 기본이기 때문이다.

IT 업종에서의 취업이나 이직 시 기술력이 기본이 되어야 하지만 IT 업종에서 일할 때 기술력이 전부는 아니다. 특히 전산실의 경우 기술력이 취업이나 이직을 결정짓는 핵심 요소가 아니다. 기술력이 아무리 좋아도 그만큼 좋은 대우를 받을 수 있는 것도 아니다. 신입 사원에게 높은 기술력을 원하는 기업도 없다. 입사 후 많은 교육을 통해 기술력을 갖추게 된다. 경력 사원에게 원하는 것도 단지 뛰어난 기술력은 아니다.

전산실에서 기술력의 비중은 다른 IT 분야보다 작다고 할 수 있다. 왜냐하면 전산실에서 근무할 경우 시간이 지날수록 기술력 비중은 줄어들고 업무 능력 비중이 늘어나기 때문이다. 기술력을 바탕으로 한 업무 능력이 반드시 필요하고 그것이 나중에는 기술력보다 더 큰 경쟁력이 된다. 전산실에서 필요한 IT 기술도 잘 알아야겠지만 전산실에서 근무한다면 자신이 근무하는 회사의 업종과 업무에 대해서도 잘 알아야 한다. 전산실에서 자신이 담당하는 업무에 대한 이해도를 높이면 남다른 차별화를 확보할 수 있다.

전산실에서는 업무 능력이 중요하다. 기술력을 바탕으로 한 업무 능력을 키워야 한다. 업무 능력을 향상시키는 방법으로 가장 기본적인 것은 많은 업무를 해 보는 것이다. 주어진 일만 하는 것이 아니라 스스로 일을 만들어서도 해보는 것이다. 조금만 관심을 가지고 본다면 할 수 있는 일이 많다. 또 자신이 담당하는 일 외에 다른 업무에 대해서도 관심을 가지고 보는 것도 업무 능력을 향상시키는 방법 중 하나이다. 업무 범위를 넓히다 보면 자신이 모르는 다른 업무가 얼마나 많은지를 알 수 있다.

관련 업무의 자격증을 취득하는 것도 하나의 방법이다. 업무 관련 자격증 취득을 통해 업무에 대한 이해의 폭을 넓혀 경쟁력을 갖출 수 있다.

또한 업무에 관련된 독서를 통해서도 업무 이해의 폭을 넓힐 수 있고 현업이 진행하는 업무를 자세히 들여다 보는 것도 좋은 방법이다.

전산실 취업을 원한다면 어학이나 자격증 준비도 필요하겠지만 업무 관련 지식을 확보하기 바란다. 그러면 확실한 경쟁력을 갖출 수 있다. 기술력뿐만 아니라 자신이 취업하고 싶은 업종에 대한 지식이 있다는 것은 충분히 가산 요소이다. 취업하고 싶은 회사가 무엇을 하는지 남들보다 많이 알고 있다는 것은 업종에 대한 이해력이 높고 자신이 꼭 일하고 싶다는 걸 객관적으로 말해주는 증거이다.

이직을 하더라도 관련 업무에서 근무를 해 본 사람이 유리하다. 단순히 근무를 오래 했다고 유리한 것은 아니겠지만 근무하는 동안 해 온 일들이 이직을 하려고 하는 업무와 비슷하다면 분명 도움이 될 것이다. 따라서 어디서 근무를 하든지 근무하는 곳에서 많은 업무를 경험해 보는 것이 중요하다. 경력에 도움이 전혀 되지 않는 업무라고 생각되는 부분도 있겠지만 도움이 될지 안 될지는 모르는 일이다. 자신이 하고 싶은 일만 할 수 없는 것이 현실이라면 무엇을 하든지 최선을 다해 업무에 임한다면 분명 언제가 도움이 된다.

전산실에서 시스템 유지보수를 위해 프리랜서와 계약을 할 때에도 기술력보다는 어떤 업무를 해왔느냐를 더 중요하게 본다. 비슷한 연차라면 업무의 경험 유무에 따라 채용 여부가 갈린다. 업무를 이해하고 있는 프리랜서라면 계약 후 업무에 바로 투입할 수 있기 때문이다.

전산실에서는 기술력보다 업무 능력이 더 중요하다. 업무를 잘 알아야 일을 잘 할 수 있기 때문이다. 아무리 기술력이 좋아도 업무를 모르면 한 줄의 프로그램 개발도 쉽지 않다. 업무를 잘 알면 프로그램 개발 시간도 줄어든다. 전산실에서는 시간이 갈수록 업무 능력이 더 중요해진다. 업무 능력이 뛰어난 시스템 설계자가 있어야 전산실의 시스템을 안정적으로 운영할 수 있다.

시스템 운영 전문가는 업무 능력이 뛰어난 사람이다. 기술력을 바탕으로 한 업무 능력으로 어떤 업무를 진행하더라도 잘 해낸다. 업무 능력이 곧 경쟁력이다.

꼭 필요한 마음가짐

"시스템 운영 전문가는 마음가짐이 달라야 한다"

오늘도 무슨 일을 했는지 하루가 어떻게 지나갔는지 모를 정도로 정신 없는 하루를 보냈다. 정신을 차리고 보니 저녁 때이고 식사 후 야근 시간에 내 일을 집중적으로 할 수 있었다.

전산실에서 근무한다면 이런 경험을 한번쯤 해봤을 것이다. 자주 반복되는 일상에서 사람들은 회의감을 느껴 다른 직업을 찾아보기도 하고 이직을 하여 변화를 꿈꾸기도 한다. 지금 있는 곳은 변화할 수 없을 것이라 생각하고 다른 직장을 찾아 보기도 한다. 하지만 다른 곳을 가도 이전과 크게 다르지 않다.

자신이 생각하는 이상적인 직장이 없다는 것은 이직을 해 본 사람이라면 대부분 느낄 수 있다. 혹시나 이상적인 직장을 찾았다면 다행이지만 그런 직장을 찾는 것은 쉽지 않다. 다른 곳을 찾을 수 없고 어쩔 수 없이 현재 직장에 근무해야 한다면 방법은 하나다. 내가 변화하는 것이다. 나 스스로 변화하지 않고 주변이 바뀌길 바라는 것은 수동적이며 발전 가능성이 없는 생각이다. 적어도 나 스스로 변화하려는 노력이 필요하다.

자신과 조직의 발전과 변화를 가져올 수 있는 마음가짐이 필요하다

스스로의 노력을 통해 자신과 조직의 변화와 발전을 가져올 수 있다. 또한 능동적인 생각과 행동은 어디에서나 살아갈 수 있는 능력을 만든다. 전산실에서 근무한다면 자신과 조직의 발전과 변화를 가져올 수 있는 몇 가지 마음가짐을 제안해 본다.

꾸준한 시스템 개선 마인드

전산실에서 시스템을 운영하고 있다면 가장 먼저 필요한 것은 시스템을 꾸준하게 개선하려는 마음가짐이다.

시스템을 개선하기 위해서 처음에는 많은 시간이 필요하지만 일단 개선되면 그 다음에는 다른 일을 할 수 있는 시간을 확보할 수 있다. 시스템 개선이 쉽지는 않다. 현실적으로 밀려드는 일을 처리하기도 시간이 부족하다.

보통 의지가 아니라면 시스템 개선을 스스로 하기가 쉽지 않다. 하지만 시스템 개선 없이 자기 시간을 만들어 낼 수 있는 방법은 많지 않다. 개선할 방법까지 알고 있는데 개선하지 못하는 것이 있다면 한번 생각해 보길 바란다. 반복되고 루틴화된 수작업을 자동화하여 시스템을 개선하는 등 시간을 절약할 수 있고 빠르게 처리할 수 있는 일들이 분명히 있다.

꾸준한 시스템 개선은 분명히 업무의 효율을 가져오고 자신과 조직의 발전에 기여한다. 큰 개선이 아니어도 좋다. 작은 것부터 실천해 보자. 꼭 어렵고 오랜 시간이 필요한 것만이 시스템 개선 대상은 아니다. 자신의 업무뿐만 아니라 고객의 입장에서도 생각하는 시스템 개선이라면 더욱 환영받을 것이다. 작지만 소소한 것들로도 고객과 현업들은 감동을 받는다.

고객 지향적인 서비스 마인드

두 번째로는 고객 지향적인 서비스 마인드이다.

IT가 서비스 업종이라고 말할 수는 없다. 하지만 전산실에서 근무한다면 고객 지향적인 서비스 마인드를 반드시 가져야 한다. 전산실 근무자들이 잘 하지 못하는 부분이 바로 서비스 마인드이다. 단순히 기술력을 이용해서 완벽하게 시스템 개발을 하는 것이 우리가 전산실에서 일하는 목적은 아닐 것이다.

기술 위주나 기능 위주의 시스템 개발이 아니라 고객의 편리성과 고객이 원하는 것이 무엇인지 생각해 보고 고객이 생각하지 못하는 부분까지 반영해서 시스템을 개발할 수 있어야 한다.

아무리 훌륭하고 고급 기술이 들어간 시스템이라도 고객이 불편하고 사용하지 않는다면 무용지물이다. 이런 시스템은 전산실 실무자만의 만족으로만 끝날 가능성이 높고 활용 가치가 높지 않을 것이다. 사용자를 생각하지 않는 시스템은 외면받게 된다. 따라서 사용자가 원하는 시스템을 만들 수 있어야 한다.

시스템 처리 프로세의 단순화, 화면 구성이나 디자인, 탭의 이동 방향과 문구 하나 하나에도 고객 지향적인 마인드로 바라보는 시각이 필요하다. 고객의 입장에서 한번쯤 생각해 본다면 분명히 이전보다 발전된 시스템을 만들고 운영할 수 있을 것이다.

문제를 즉시 고치려는 마인드

마지막으로 문제를 즉시 고치려는 마인드이다.

문제가 발생하면 즉시 고치는 것이 가장 좋은 습관이다. 문제를 바로 고치면 더 큰 문제를 막을 수 있다. 사소한 문제라면 더욱더 즉시 고칠 수 있어야 한다. 사소한 문제를 방치해 두었다가 나중에 시스템 장애가 발생하여 크게 후회하는 경우가 있을 수 있기 때문이다.

전산실에서 시스템을 운영하다 보면 시스템과 관련된 크고 작은 문제들이 많이 발생한다. 당장 장애를 유발하는 문제가 아닐지라도 언제가 문제가 될 소지가 있어 보이는 것도 있다. 문제를 일으킬 것이라는 의심이 들면 문제를 해결하기 위한 대책을 세우고 문제를 신속히 해결할 수 있어야 한다.

시스템 문제를 근본적으로 바라보지 않고 임시방편으로 처리해서 넘어가는 경우가 많다. 데이터 변경 같은 수기 작업을 통해 문제가 되는 상황을 당장은 모면할 수 있을지 모르겠지만 근본적인 문제를 해결하지 않고서는 다음에 같은 문제가 발생할 수 있다.

문제를 해결하는 데에도 골든 타임이 있다. 큰 문제가 이미 발생한 다음에 문제를 고치는 것은 별 의미가 없다. 고생은 고생대로 하고 일을 한 보람도 크게 느낄 수 없으면서 주변에서 좋은 평판을 듣기도 힘들다. 왜 이제서야 고치는지 이해하지 못하겠다는 핀잔을 들을 수 있을 것이다. 문제 발생 소지가 있다면 문제를 즉시 고칠 수 있어야 한다. 사소한 문제라도 가볍게 생각하지 않고 즉시 고칠 수 있는 마인드를 가져야 하겠다.

전산실에서 근무한다면 꾸준한 시스템 개선 마인드, 고객 지향적인 서비스 마인드, 문제를 즉시 고치려는 마인드를 가진 시스템 운영 전문가가 되도록 하자. 시스템 운영 전문가는 마음가짐부터 달라야 한다.

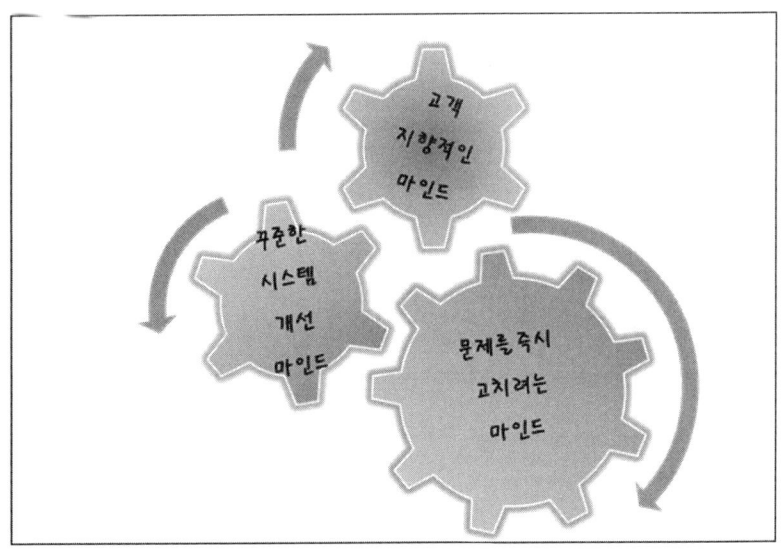

시스템 운영 전문가에게 꼭 필요한 마음가짐

신입 사원이 일에 대해 가져야 할 태도

"신입 사원 때의 습관과 태도가 앞으로의 직장 생활에 많은 영향을 미친다. 직장 생활 초년생의 노력과 열정은 직장 생활에서 자양분이 되며 그때 모습과 평판은 다른 사람에게 매우 오랫동안 기억에 남는다"

직장 생활을 한다면 누구나 일을 하게 된다. 하고 싶은 일을 할 수도 있고 하고 싶지 않은 일을 해야 할 경우도 있다. 함께 일하고 싶은 사람과 일을 할 수도 있고 함께 일하고 싶지 않은 사람과 일을 할 수도 있다. 어떤 일을 하든 누구와 함께 일을 하든 내 마음대로 할 수 없는 것이 직장 생활이다. 이런 상황이 닥쳤을 때 어떠한 태도로 대하냐에 따라 직장 생활을 잘하냐 못하냐가 결정된다.

직장 생활 중 주변으로부터 영향을 가장 많이 받는 시점은 신입 사원 때이다. 아무래도 직장 생활을 처음 시작하기 때문에 모르는 것이 많고 배워야 할 것이 많기 때문이다. 시간이 지날수록 자신만의 직업관이 생기기 때문에 일에 대한 태도나 습관을 제대로 갖출 수 있는 시점이 신입 사원 때이다. 신입 사원 몇 년을 어떻게 보내냐에 따라서 평생 직장 생활의 습관과 태도가 결정된다고 봐도 크게 무리가 없다.

일은 그 자체보다 그 일을 대하는 태도가 더 중요하다. 특히 신입 사원일수록 무슨 일을 시키든지 적극적으로 하는 모습을 보이는 것이 좋다. 일을 잘하고 못하느냐 보다 일을 어떻게 대하느냐가 더 중요하다. 중요한 일을 하는 것이 중요한 것이 아니다. 중요하든 중요하지 않든 그것보다 더 중요한 건 그 일을 대하는 태도이다.

전산실 신입 사원으로 입사해서 근무할 때 참고가 될 만한 조언을 몇 가지 하고자 한다. 또 전산실 신입 사원이 아니너라도 시회 초년생이라면 나는 어떻게 일하고 있는지 한번쯤 생각해 보는 계기가 되길 바란다.

내 일이라면 재촉받기 전에 먼저

전산실 실무자라면 누구나 자신이 담당하는 고유 업무가 있다. 고유 업무의 대부분을 처리하는 주체는 해당 업무를 맡은 담당자다. 현업은 전산 관련 문의 사항이나 요청 사항을 전산실 담당자에게 요청하고 담당자가 처리하는 식으로 업무가 진행된다. 그런데 전산실 담당자가 다른 일이 있거나 자리에 없지도 않은데 일 처리가 미뤄지는 경우가 있다. 간단한 일인데도 요청자인 현업이 몇 번을 재촉해야 일 처리가 되는 경우가 있다.

물론 담당자가 다른 일 때문에 바빠서 그럴 수도 있지만 항상 재촉을 받아야만 일 처리가 된다면 한번쯤 생각해봐야 한다. 습관적으로 이렇게 일 처리를 한다면 문제가 크다. 이렇게 일 처리를 한다면 일을 해 주고도 좋은 소리를 듣지 못한다. 상황이 여의치 않을 수도 있지만 어차피 할 일이면 재촉을 받기 전에 일을 처리해야 현업이나 고객의 불편함을 줄일 수 있다. 조금씩 미루는 습관을 들이거나 안 되는 이유부터 생각한다면 빠른 처리가 될 수 없다.

재촉받기 전에, 불편함을 호소하기 전에 처리하는 습관을 들여야 한다. 어차피 내가 할 일이라면 재촉받기 전에 적극적으로 해야 한다. 이런 태도와 습관은 직장 생활을 하는 동안 쉽게 바뀌지 않는다. 신입 사원 때부터 적극적으로 해야 한다. 신입 사원 때부터 이런 습관과 태도를 지녀야 한다.

내 일이 아니더라도 내가 할 수 있는 방법을 찾아서

또 전산실에서는 내 일이 아닌 것에 대해서 문의 사항이나 처리 요청을 받을 수 있다. 내 일이 아닌 요청을 받았을 때 선택할 수 있는 쉬운 방법은 담당자에게 넘기는 것이다. 물론 담당자에게 넘기는 것이 일을 가장 빨리 처리할 수 있는 방법일 수 있다. 하지만 상황에 따라서 자신이 처리할 수 있는 방법을 찾아보는 것이 더 필요할 때도 있다.

자신과 전혀 관련 없는 일이고 알지 못하는 일이라면 담당자에게 넘겨서 일 처리를 하는 것이 맞다. 그렇지 않고 자신과 어느 정도 연관되어 있거나 설사 연관되지 않더라도 충분히 봐 줄 수 있는 업무라면 자신이 할 수 있는 만큼은 해줄 수 있다는 생각을 가져야 한다. 이것은 자신의 업무 영역을 넓히는 계기도 되며 자신의 가치를 높이는 일이기도 하다.

내 일 남의 일을 따지는 것이 먼저가 아니라 내가 이 일을 할 수 있는지 없는지를 먼저 생각해 봐야 한다. 적극적으로 생각한다면 다른 사람의 일이라도 자신이 직접 알아보고 처리할 수도 있을 것이다. 일은 이렇게 적극적으로 하면서 배우는 것이다. 특히 신입 사원이라면 남의 일 나의 일 따질 때가 아니다. 뭐든지 해 보겠다는 자세로 임해야 한다. 당장에는 모르겠지만 언젠가는 피가 되고 살이 된다. 설사 업무적으로 도움이 되지 않을지는 몰라도 그 태도가 몸에 익숙해져서 앞으로 직장 생활을 하는 데 큰 도움이 된다고 자신 있게 말할 수 있다. 소극적으로 일을 하는 건 직장 생활을 하는 데 아무런 도움이 되지 않는다. 내 일이 아니더라도 내가 할 수 있는 방법을 찾아보는 자세부터 가지자.

무슨 일이든 해 보겠다는 마음으로

전산실에서 일을 하다 보면 여러 유형의 사람을 만날 수 있다. 그중에서 같이 일하기 힘든 유형은 디펜스적인 마인드를 가진 사람이다. 무슨 일을 하더라도 소극적이고 수비적이라서 일의 진행을 막거나 늦추려고 한다. 어떻게든 하지 않으려는 방법부터 찾고 안 되는 이유부터 댄다. 가끔은 일을 막는 것이 자신의 능력이라고 생각하는 것 같기도 하다. 누구를 위해서 일을 막는 것인지는 모르겠지만 어떤 일 하나 진행하기가 참으로 힘든 유형이다.

반면에 무슨 일이라도 자신과 조금이라도 관련되어 있다면 자신이 해 보겠다는 마음으로 적극적으로 덤벼드는 유형이 있다. 비록 자신과 크게 관련 없는 업무라도 어떻게든 자신이 해 보려고 하고 설사 자신이 하지 않더라도 적극적으로 관여하려고 한다. 오지랖이 넓어 보일 수도 있고 일에 대한 욕심이 지나쳐 보일 수도 있지만 열정만큼은 높이 살 수 있는 유형이다. 이런 유형의 사람은 새로운 업무가 생기면 가장 먼저 손을 들고 자신이 하겠다고 한다. 무슨 일이든지 해 보겠다는 마음가짐이다. 자신의 능력이 부족하면 동료의 도움을 받아서라도 해 보겠다는 마음으로 일에 임한다.

일은 이렇게 적극적으로 하겠다는 사람 위주로 진행된다. 어차피 할 일이라면 힘이 조금 들더라도 적극적으로 하면 분명히 티가 난다. 마찬가지로 무슨 일이라도 하지 않으려고 하는 경우에도 티가 난다. 어떤 유형의 일 처리 스타일이 조직에서 인정받고 자신은 물론 조직의 발전을 이끌지 생각해봐야 할 것이다.

노력을 해도 뻔한 결과가 예상되기 때문에 노력을 줄이겠다는 경제 마인드보다는 조금이라도 더 투자해서 더 좋은 결과를 기다리는 투자 마인드를 가져야 한다. 누가 당장 알아주지 않더라도 언젠가 투자에 대한 보상이 올 것이라 생각하고 이렇게 해야 한다.

또한 당장은 내가 하고 있는 일이 티가 나지 않고 도움이 되지 않는 것처럼 보일 수 있지만 그 속에서 분명히 내 삶의 태도가 묻어난다. 그런 태도로 매일 일에 임한다면 언제가 분명히 인정을 받게 될 것이다. 하루 아침에 인정받겠다는 생각은 버리는 것이 좋다. 무슨 일이든지 적극적으로 꾸준히 한다면 어떤 어려움이라도 이겨낼 수 있을 것이다.

신입 사원이라면 당연히 무슨 일이든 해 보겠다는 마음가짐을 가져야 한다. 시간이 지날수록 일에 대한 의욕은 사라지고 매너리즘에 빠지게 되는 것이 직장 생활이다. 매너리즘을 이길 수 있는 가장 좋은 방법은 무슨 일이든 내가 먼저 해 보겠다는 마음가짐을 가지는 것이다. 일에 욕심을 가져야 한다.

신입 사원이라면 도전 정신을 가지고 일에 욕심을 내야 한다. 관리자가 시키지 않더라도 일을 스스로 찾아서 하고 못할 거 같은 일도 일단 하겠다고 하고 부딪혀 보는 것이다. 맨땅에 헤딩도 하고 선배들에게 도움을 구하면서 어떻게든 해결해 보려고 해야 한다. 그 과정에서 신입 사원은 성장하는 것이다.

신입 사원이 일을 두려워하지 않고 한다면 관리자는 신입 사원의 실수를 미리 찾아주고 막아줘야 한다. 관리자는 신입 사원이 실수할 때 혼을 내면서 가르칠 수는 있겠지만 책임을 물어서는 안 된다. 관리자는 신입 사원의 실수까지도 고려해서 일을 맡기고, 맡겼다면 그 일에 대해서는 관리자가 책음을 질 수 있어야 한다.

물론 신입 사원도 자신이 하는 일에 대해 책임감을 가지고 해야 하며 결과에 대해서는 관리자의 어떠한 질책과 충고도 받아들일 수 있어야 한다. 깨지면서 배우는 것이다. 따라서 신입 사원은 무슨 일이든 결과나 질책에 대해 두려워하지 말고 적극적으로 해야 한다.

신입 사원이라면 무슨 일을 하든 적극적인 자세를 가져 시스템 운영 전문가가 되도록 노력하자. 근성을 가지고 일에 덤벼보자. 내 일이라면 재촉받기 전에 먼저 하고 내 일이 아니더라도 내가 최대한 할 수 있는 방법을 찾아보고 무슨 일이든 하겠다는 마음가짐으로 일해 보자. 시간이 지날수록 시스템 운영 전문가에 가까워질 것이다.

전산실 미생들의 미래와 진로

"하루 하루를 불태워라. 미래를 결정하는 것은 오늘의 습관이다"

나는 2004년 7월부터 기업 전산실에서 직장 생활을 시작했다. 그리고 직장 생활의 대부분을 전산실이라는 조직에서 근무하면서 나의 미래와 진로에 대해서 끊임없이 고민해 보았다. 나뿐만 아니라 직장 생활을 하는 사람이라면 자신의 미래와 진로에 대해 생각할 것이다.

미래와 진로는 끊임없는 고민거리이자 직장인들의 주된 관심 사항이다. 나는 이곳에서 얼마나 일할 수 있는지 몇 살까지 일할 수 있는지, 이 일을 하지 않는다면 무슨 일을 할 것인지에 대해서 많은 고민과 걱정을 한다.

나 또한 마찬가지이다. 신입 시절부터 이런 고민과 걱정에 대해 많은 생각을 해왔다. 전산실에서 근무한다면 언제까지 일할 수 있고 전산실에서의 목표는 무엇인지에 대해 생각해 보았다. 더 좋은 직장과 안정성이 보장된 곳을 찾기 위해 이직을 준비하기도 하였다.

이직을 통해 연봉도 올려 보았고 연봉을 올릴 수 없다면 정년이 보장된 곳을 찾아 당장의 연봉이냐 정년이 보장된 미래의 안정성이냐 대한 고민도 해보았다. 신입 사원 시절에는 여러 직장 선배들에게 질문도 했다. 앞으로의 미래 진로가 어떻게 되느냐에 대해서 끊임없이 물었다.

솔직히 말한다면 그 누구도 나에게 명쾌한 해답을 주지는 못했다. 그리고 깨달았다. 그 누구도 나의 미래에 대해 답을 줄 수 없다는 것을. 왜냐하면 내 미래는 내가 만들어 가는 것이기 때문이다. 아무리 좋은 비전과 미래를 제시하더라도 나의 상황이나 나의 뜻과 다르다면 아무런 소용이 없다. 누가 무엇을 해서 미래를 확실히 준비했다고 하더라도 그 건 나와는 전혀 다른 상황이기 때문이다. 내가 남과 같은 미래를 준비한다고 남과 같은 미래가 과연 보장이 될지 의문이다.

결국 내 미래와 진로는 내가 만들어 가는 것이다. 답을 찾기 위해서 노력하는 과정 또한 나의 미래를 준비하는 것 중 하나이다. 내가 이야기하는 것 또한 답을 찾아가는 과정 중 참고할 만한 한 가지이며 그 이상도 이하도 아니다. 나 또한 아직도 나의 미래에 대해 끊임없이 고민하고 걱정하고 진로를 계획하고 있기 때문이다. 5년 뒤 나는 무엇을 하고 있을까? 10년 뒤 나는 어떤 모습일까? 지난 내 5년, 10년을 생각하며 앞으로의 나의 5년과 10년을 생각해 본다.

5년 후 10년 후 나의 계획은?

전산실에서 나의 꿈

전산실에서 근무한다면 최고의 위치는 회사마다 차이가 있겠지만 아마도 전산실장이나 전산팀장일 것이다. 전산실장이나 전산팀장이 임원일 수도 있고 임원이 아닐 수도 있지만 어쨌든 전산실에서 최고의 위치는 전산실의 장이다. 이런 전산실의 장을 누구나 꿈 꿀까? 그렇지는 않을 것이다. 실무자가 천직인 사람도 있을 것이고 관리자가 더 어울리는 사람도 있을 것이다. 그리고 각자의 꿈과 미래가 있다. 높은 직위보다 더 오래 근무하는 것이 목표인 사람도 있고 오래 근무하는 것보다 더 높은 직위에 오르는 것이 목표인 사람도 있을 것이다.

무엇이 정답이라고 누구도 자신 있게 말할 수는 없다. 오래 근무하고 싶다고 오래 근무할 수 있는 것도 아니고 더 높은 직위에 오르고 싶다고 오를 수 있는 것이 아니기 때문이다. 높은 직위에 올라 오래 근무할 수도 있고 낮은 직위에 있지만 빨리 퇴사할 수도 있기 때문이다.

전산실에서 나의 꿈은 단순히 오래 근무하는 것, 높은 직위에 오르는 것이 아니다. 전산실에서 나의 꿈은 시스템 운영 전문가이다. 내가 일하는 분야에서 전문가가 되는 것이 내가 전산실에서 근무하면서 꿈꾸는 목표이다. 내가 전문가가 된다면 나머지 부분은 저절로 따라온다고 생각하기 때문이다. 설사 현재 근무하는 곳이 아니더라도 어디 가서라도 이 꿈을 꿀 수 있다. 꿈만 명확하다면 나의 미래와 진로는 내가 만들어 갈 수 있기 때문이다. 정년이나 연봉 자체에 집중하면 아무리 발버둥을 쳐도 그 꿈을 쉽게 이룰 수 없다. 자격증이나 어학 실력이 나의 연봉을 올려준다면 현재 하고 있는 일보다는 자격증과 어학 실력에 매진하는 것이 나을 것이다.

어느 회사에서나 매년 인사 평가를 한다. 나 또한 매년 인사 평가를 받는다. 고과가 좋지 않게 나오면 실망도 하고 좋게 나오면 뿌듯하기도 한다. 하지만 일희일비(一喜一悲)하지 않는다. 고과보다 더 중요한 건 나의 꿈을 향한 의지이고 방향이기 때문이다. 고과가 좋지 않다고 나의 꿈까지 좋지 않은 것이 아니고 포기할 필요도 없기 때문이다. 누가 알아주지 않더라도 힘이 들더라도 내 꿈을 위해서 묵묵히 내 할 일을 할 뿐이다.

힘들지만 열심히 일해서 내 능력을 키워나가는 것이 지금 내가 할 수 있는 최선이라고 생각한다. 능력을 키워 더 좋은 곳으로 미련 없이 떠나는 것도 한 방법이다. 실력이 쌓이는 만큼 이직에 대한 자신감도 커지기 때문이다. 그리고 나의 능력을 알아주는 곳으로 가면 되는 것이다. 그리고 그 곳에서 나의 능력을 마음껏 펼치면 된다. 어느 곳에 있는 것이 중요한 것이 아니라 어디로 가고 있냐가 더 중요하다.

나의 꿈은 무엇인가?

앞으로 5년, 10년 그리고 그 이후의 진로

앞으로 5년, 10년 후 나는 무엇을 하고 있을까, 그때까지 직장 생활을 할 수 있을까라는 생각들은 직장인이라면 누구나 한번쯤 해 보았을 것이다. 또 퇴직 후 무엇을 해야 하는지에 대해서도 생각해 본다. 많은 사람들은 나중에 후회하지 않기 위해 지금부터 준비해야 한다고 말한다. 5년, 10년 전 직장 선배들에게 많이 들었던 이야기이다. 그런데 행동하지 않으면 아무 소용이 없다. 행동하지 않고 걱정만 하면 시간만 흘러간다.

하루가 빠르게 흘러간다. 주말도 빨리 지나간다. 그런데 월요일이 되면 일주일이 그렇게 길어 보일 수 없다. 그러다가 금요일이 되면 어느덧 주말이라는 생각에 마음이 들뜬다. 그렇게 일주일, 한 달, 일 년이 빠르게 흘러간다. 반복되는 일상에서 바쁘게 살았지만 특별히 뭘 했는지 모를 때가 많다. 그렇게 시간만 흘러가는 것 같고 걱정은 몇 년이 지나도록 똑같다. 그때 무엇을 했으면 좋았을 텐데 하고 후회도 한다.

5년 후 10년 후 무엇을 할지는 모르겠지만 전산실에서 근무한다면 자기 자리를 확실히 지키는 것이 중요하다고 생각한다. 끊임없이 자기 자신의 역량과 성과를 높일 수 있어야 한다. 자신의 직급과 위치에 맞도록 자신의 자리를 만들어가야 한다. 내가 꼭 있어야 할 자리, 내가 꼭 해야 할 일들, 나를 찾도록 만드는 것이 내 자리를 지키는 방법이다. 나 없이도 아무나 할 수 있는 일이라면 나의 존재 가치는 점점 없어진다.

특히 실무자라면 자신의 존재 가치를 확실히 해야 한다. 당장의 존재 가치도 없는데 어떻게 5년 후 10년 후를 걱정하는가. 그런 걱정은 할 필요가 없다. 당장 나의 존재 가치부터 생각해야 한다. 당장 나의 위치부터 제대로 파악해야 한다. 앞뒤 가리지 말고 나의 역량을 높일 수 있는 방법을 찾아야 한다. 또 실무를 하다가 관리자가 되어서 자신의 존재 가치가 없어지는 경우가 많다. 관리자가 되었으니 이제는 실무를 하지 않아도 된다고 생각하기 때문이다. 그리고 말로만 일을 하는 경우가 많다. 직급이 올라갈수록 더 많은 일을 해야 하고 더 많은 일을 신경 써야 하는데 실무를 할 때보다 편하게 지내려고 안주하는 경우도 있다.

실무를 하고 실무를 하지 않는 것이 중요한 것이 아니라 자신의 위치에서 할 일을 제대로 하는 것이 중요하다. 관리자가 되면 관리자의 역할이 있고 책임도 져야 한다. 전산실이 실무 조직이기 때문에 관리에 대한 방법과 전문성이 떨어지는 것은 사실이다. 그래서 전산실에서 관리자가 되고 나서 자신의 역할을 명확히 하지 못하면서 존재 가치가 없어지는 경우가 많다. 실무를 하지 않다 보니 아는 것이 점점 적어지고 누군가의 보고를 통해서만 일을 처리하기 때문에 정확한 업무 파악도 안되고 감각도 떨어져 잘못된 판단을 내리기도 한다. 그렇게 몇 번 실수를 하다 보면 자신감을 잃고 위축되면서 존재감이 사라진다.

훌륭한 장수가 부대를 잘 통솔하듯 훌륭한 관리자가 조직을 수월하게 이끈다. 관리자가 될수록 더 많은 일을 해야 하고 더 많은 일에 신경 써야 한다. 관리자가 마냥 편하다고 생각하는 실무자나 관리자라면 앞으로 5년 후 10년 후가 아니라 당장 코 앞에 있는 일부터 제대로 처리하고 과연 지금 자신이 자신의 위치에서 최선을 다하고 있는지부터 생각해야 한다.

지금 내 앞에 일들을 쌓아놓고 내 앞에 있는 일들을 소홀히 하면서 먼 미래를 걱정할 필요는 없다. 내 삶은 많은 계획으로 차 있다. 그렇지만 먼 미래에 대한 계획은 없다. 그건 소망이고 꿈이지 현실성 있는 계획은 아니다. 나는 일일 계획, 주간 계획, 휴일 계획, 월간 계획 그리고 년간 계획을 세운다. 매일 일일 계획을 통해서 하루 하루 계획을 실천하려고 한다. 일일 계획이 주간 계획의 성공률이 되고 주간 계획이 월간 계획 그리고 년간 계획의 성공률로 이루어진다.

하루에 최선을 다해야 그 다음 계획을 이룰 수 있기 때문이다. 계획은 끊임없이 수정되고 보완된다. 그리고 계획을 절대로 포기하지 않는다. 조금 늦더라도 시행 착오를 통해서 계획이 일부 변경되는 것뿐이다. 계획이 제대로 되지 않을 때는 매일 반성하면서 계획을 실행하기 위해 다시 도전한다. 실패는 포기가 결정되었을 때 받아들일 수 있는 것이다. 포기하지 않는다면 실패는 과정이라고 생각하고 도전하고 또 도전한다.

10년 후 나는 어떤 모습일지 궁금하다

앞으로 5년 후 10년 후 내가 무엇을 하고 살지는 솔직히 나도 잘 모르겠다. 하지만 지금 내가 무엇을 해야 하는지에 대해서는 명확히 말할 수 있다. 사람은 자신의 믿음대로 행동하게 되고 그 행동이 결과를 만들어 낸다. 성공한 사람에게는 성공의 이유가 있고 실패한 사람에게는 실패의 이유가 있다. 오늘 하루 최선을 다하는 삶과 열정, 그것이 나의 5년 후가 되고 10년 후가 되고 진로가 된다. 하루 하루를 불태워라. 미래를 결정하는 것은 오늘의 습관이다.

에피소드 - 현장 방문

나는 매월 한 개 영업 지점을 정해서 정기적으로 방문한다. 서울이건 수도권이건 지방이건 직접 찾아간다. 방문 목적은 현장에서 전산 시스템을 사용함에 있어 불편한 점을 직접 듣고 보고 개선 요청 사항을 수렴하는 것이다. 그리고 지점 직원들과 직접 만나 의사소통의 폭을 넓혀 향후 업무를 함에 있어 긍정적인 시너지를 내기 위해서이다. 평소 얼굴도 보지 못하고 전화 통화만 하다가 생긴 오해가 실제로 얼굴을 보면서 이야기해 보니 쉽게 풀렸다.

또 개선 요청 사항에 대한 회의를 하면서는 서로간의 입장 차이도 이해하는 계기가 되었다. 방문 후 업무를 하면 업무가 이전보다 자연스럽고 매끄럽게 흘러갔고 서로를 배려하고 생각하면서 업무를 하게 되었다. 몇 년을 일해도 얼굴 한번 보지 않는 것과 얼굴 한번 보고 일하는 것은 업무를 진행함에 있어서 많은 차이를 가져온다는 것을 방문할 때마다 느낀다.

에피소드 - 이직

첫 직장에서 1년 정도 지난 후 사수가 퇴사하였다. 사수의 퇴사로 이제 입사 1년이 막 지난 신입 사원이 사수의 몫까지 해야 했다. 일도 힘들었지만 팀장님에게 받는 구박이 더욱 힘들었다. 퇴사한 사수에게 수시로 전화해서 조언을 구하고 메신저로 시도 때도 없이 문의하여 어떻게든 사수의 공백을 메우려고 했다. 팀장님의 구박을 피하려면 실력을 늘리는 수 밖에 없었다. 그리고 결심했다. 언젠가는 반드시 나를 구박하는 것을 후회하게 만들게 해드리겠다고.

그렇게 1년 넘게 홀로 맨땅에 헤딩하며 나름대로 열심히 했더니 정신적으로나 실력면에서 많이 성장한 내 자신을 볼 수 있었다. 그리고 입사 3년 차가 되던 때에는 차세대 프로젝트를 통해서 많은 것을 경험했다. 그리고 그 경험을 바탕으로 이직을 결심하게 되었다. SI 기업에서 프로젝트를 하면서 지금보다 더 많은 실력을 쌓아보고 싶었다. 이직하고 싶은 기업을 찾는 것은 오랜 시간이 걸리지 않았다. 이직이 결정된 후 팀장님에게 당당히 이직 의사를 밝혔다. 팀장님과의 면담은 수 차례 이루어졌다. 도저히 안 된다는 팀장님과 반드시 가겠다는 나와의 면담은 당연히 간단히 끝날 상황이 아니었다. 솔직히 나는 그때 너무나도 기뻤다. 그 동안 내가 팀장님에게 받은 설움을 한 방에 날려버리는 기분이었다.

마지막 면담은 저녁 7시부터 시작해서 저녁 12시가 넘어서야 끝났다. 그날 팀장님이 내 앞에서 사정 사정하는 모습에 내 자신의 위치가 변했다는 생각이 들어 겉으로는 표현할 수 없는 뿌듯함을 느꼈다.

사수 없는 신입 사원이, 하루가 멀다 하고 팀장님에게 구박을 받던 내가, 이제는 팀에서 꼭 필요한 존재가 된 것 같았고 그렇게 나를 구박하던 팀장님이 제발 남아달라고 부탁하는 모습은 예전부터 상상해 온 모습이었기 때문이다.

하지만 팀장님의 구박은 그 당시에는 힘이 들었지만 나를 성장시킨 원동력이었다. 퇴사 후 첫 직장을 자주 찾았다. 팀장님을 비롯하여 팀원 모두가 반겨주었고 술 한잔 하면서 지난 날의 일들을 이야기하며 즐거운 시간들을 가졌다.

에피소드 - 퇴사(1/2)

직장 생활을 하다 보면 조직을 떠나는 사람들을 많이 본다. IT는 특히 이직률이 높아서 퇴사하는 사람을 자주 볼 수 있다. 퇴사하는 사람이 많은 만큼 떠나는 이유도 다양하다. 퇴사가 개인의 의사에 의해서라면 개인의 자유이기 때문에 잘잘못을 따질 수는 없지만 남아 있는 입장에서 생각해 보면 퇴사의 이유에 따라 여러 가지 생각이 드는데 크게 두 가지 유형으로 퇴사 이유가 나뉘는 것 같다.

먼저 개인이 원하던 다른 직장으로 이직을 하는 경우이다. 이 경우에는 당연히 축하를 해준다. 때로는 부러워하기도 한다. 떠나는 사람 또한 즐거운 마음으로 남아 있는 사람에게 인수인계를 하고 남아 있는 사람과의 관계도 퇴사 후에 오랫동안 지속된다. 퇴사 후에도 인수인계 받은 사람의 도움을 요청 받으면 기꺼이 응대한다. 그리고 잘돼서 퇴사하는 사람은 보통 있던 곳에서도 일을 잘 했던 사람이기 때문에 평판도 좋고 많은 사람들이 그 사람이 떠나는 것을 아쉬워한다. 그 사람이라고 조직에 불만이 없었겠는가, 그 불만보다는 지냈던 곳에서의 좋은 추억과 경험을 가지고 떠나는 것이다. 옮긴 직장에서도 잘 할 것이라는 생각이 들기까지 한다.

두 번째로는 조직에 대한 불만으로 인해 퇴사하는 경우이다. 상대적인 저 평가, 승진 누락, 적은 급여, 불안한 미래, 조직의 불합리, 직장 상사와의 불편한 관계, 업무 불만, 많은 근무 시간, 조직 문화 등 제 각각이다. 이렇게 조직에 대한 불만으로 인해 떠나는 경우는 보통 인수인계도 제대로 되지 않고 퇴사 후에도 다시 찾는 경우가 거의 없다. 조직에 대한 불만 때문에 퇴사하는 사람을 보면 안타까운 마음이 든다. 누구나 언제든 조직을 떠날 수 있지만 꼭 이렇게 떠날 수 밖에 없는가 라는 생각이 든다. 물론 다 같을 수는 없겠지만 헤어졌지만 언젠가 다시 만날 수 있다. 언제 어디서 또 어떤 모습으로 만날 수 있다는 점을 고려하면 이런 유형의 헤어짐은 조직 생활과 사회 생활에서 결코 바람직한 행동은 아닐 것이다.

에피소드 - 퇴사(2/2)

불만이 있더라도 앞으로의 미래를 위해서라도, 그리고 지냈을 때의 경험이 아름답게 남을 수 있도록 헤어짐에도 지혜가 필요하다.

두 번째 직장을 퇴사하는 회식 날, 직장 상사가 이런 말을 했던 기억이 난다. "여기서 지냈던 시간 중 힘들고 괴로웠던 일들은 모두 잊어버리고 즐거웠고 행복했던 시간들만 기억하고 떠나세요, 어디에 가시던지 건승하시길 빕니다."

퇴사 후에도 한 동안은 두 번째 직장에 회식 자리가 있을 때마다 연락을 받아 참석을 하였고 예전처럼 이전 직장에서 회식 사회도 보았다. 그 때 늦게까지 동료들과 술을 마시면서 든 생각은 내가 이전 직장에서 잘 생활했고 이렇게 좋은 사람들과 다시 만날 수 있어서 너무나도 행복했다는 것이다.

에필로그

책을 쓰고 싶었던 이유는

저는 주기적으로 서점을 갑니다. 갈 때마다 신간 코너에서 새롭게 출간된 책들을 볼 수 있습니다. 책을 쓰고 있던 입장에서 보면 책을 낸 저자가 부럽기도 하고 관심이 가는 책이 있으면 한번 살펴 보기도 합니다. 새롭게 출간된 책을 잠시 살펴 본 후에는 IT 관련 코너를 찾습니다. IT 관련 서적 또한 새롭게 출간된 책들이 간혹 있지만 대부분 기술 서적 위주입니다. IT 기술이 빠르게 변화하고 발전하기 때문에 신기술에 관련된 책과 버전 업그레이드로 인해 개정된 책이 출간되지만 이제 기술 서적에는 손이 잘 가지 않습니다.

하지만 IT 분야에서 처음 직장 생활을 시작한 후 가장 큰 목표는 IT 기술력의 향상이었습니다. 그때는 많은 기술 서적을 보았고 IT 기술력을 향상시키는 것이 내가 IT 업종에서 살아남는 유일한 방법이라고 생각했습니다. IT를 한다면 어디서나 필요한 기본적인 기술력은 바탕이 되어야 하는 것은 맞습니다. 다만 언제부터인지 IT 기술력 향상에 대한 욕구보다는 IT 기술력 외적인 부분에 대한 욕구가 더 많아졌습니다.

아무튼 제가 IT 관련 코너를 찾는 이유는 부족한 IT 기술력을 채우기 위해서 IT 기술서를 찾는 데 있지 않습니다. 제가 서점에서 찾고 싶은 책은 트렌드가 있고 스토리가 있는 책들이었습니다. 요즘은 핀테크와 4차 산업혁명이 트렌드인지라 이에 관련된 책이 많이 나오고 있습니다. 하지만 스토리가 있는 책은 많지 않은 거 같습니다. 스토리가 있다는 것은 IT 분야의 생생한 경험 이야기가 들어 있다는 것입니다.

IT 분야는 수많은 다른 업종과 연계해서 일하고 있습니다. 금융에서, 물류에서, 건설에서, 자동차에서, 통신에서, 제약 등 여러 분야에서 IT를 하는 많은 분들이 있습니다. 그런데 이런 현장의 이야기를 다룬 책은 많지 않습니다. 아니 거의 없다고 해도 과언이 아닙니다. 가끔 미국, 일본 등의 국외에서 IT 관련 일을 하면서 책을 내는 저자들이 있습니다. 기술서 관련 책이 아닙니다. IT 관련 스토리를 다룬 책입니다.

국내에서도 이런 스토리를 다룬 책이 많이 나왔으면 하는 생각이 들었습니다. 그래서 쓰고 싶었습니다. 해외에서 일한 이야기가 아니고 해외의 저자가 말하는 스토리가 아닌 국내에서 생생하게 일어나는 일들에 대한 스토리를 들려 주고 싶었습니다.

우리가 일하는 곳은 해외가 아닌 국내이므로 국내 현실에 도움이 되고 참고가 되어야 하기 때문입니다. 그래서 이론이나 매뉴얼이 아닌 현실성 있고 현장에서 도움이 될 만한 스토리를 들려주고 싶었습니다. 잘 썼는지는 모르겠지만 현장의 경험을 바탕으로 도움이 될 만한 이야기를 들려주려고 노력했습니다.

원고를 마무리하는 순간까지 많은 부족함을 느끼지만 앞으로 전산실에서 일하게 될 후배들에게는 참고가 될 이야기이고, 지금 전산실에서 근무하고 있는 이들에게는 공감이 되는 이야기라고 생각합니다. 또 전산실이라는 조직을 잘 모르는 이들에게는 전산실이 어떤 곳인지 알리는 계기가 되길 희망해 봅니다.

감사합니다

가장 먼저 사랑하는 가족에게 감사하다고 말하고 싶습니다. 주말마다 도서관 간다고 집안 일 하나 제대로 도와주지 못한 아내 선미에게 진심으로 감사하고 아빠와 함께해야 할 많은 시간을 같이 못한 우리 아이들 예나 공주님과 순둥이 천사 나현이에게 아빠가 많이 미안하고 사랑한다는 말을 전하고 싶습니다.

일일이 나열할 수 없지만 첫 직장에서부터 지금까지 직장생활을 하는 동안 만난 수많은 좋은 분들에게 감사 드립니다. 특히 SBI 저축은행 임진구 대표이사님, 정진문 대표이사님, KATSUCHI HIDEYUKI 본부장님, 이종석 정보시스템실장님, 김학법 IT운영부장님과 부족한 나와 함께 일하는 모든 동료, 선후배들에게 진심으로 감사 드립니다.

또 첫 만남부터 계약을 해 주시고 부족한 원고를 출간해 주신 비팬북스(bpanbooks) 최용호 대표이사님께 진심으로 감사 드립니다.

마지막으로 내 삶의 모든 상황 속에서 함께 하시는 살아계신 하나님께 모든 영광을 돌립니다.

감사합니다.